Vingtième Mille

Jean ROCROY

LA FIN du MONDE

EN

1921

PROUVÉE PAR L'HISTOIRE

1° *Harmonie des Chiffres;* 2° *Harmonie des Événements*

Tout leur arrivait en figure.
L'Histoire est un perpétuel recommencement.

Prix : 1 fr. 25

PARIS (6ᵉ)
LIBRAIRIE VIC & CHARLES AMAT
CHARLES AMAT, Éditeur
11, Rue Cassette, 11

1904

Tous Droits de Traduction et de Reproduction réservés

Je tiens, avant d'entrer en matière, à remercier, ici, les quelques Collaborateurs dévoués et les Correspondants aimables qui ont bien voulu m'aider dans mes recherches, m'encourager dans mon travail et me fournir des renseignements et des idées.

Je remercie, en particulier, les deux Ecclésiastiques dont le concours éclairé, autant que désintéressé, m'était *indispensable* dans une étude comme celle-ci. Ils veulent absolument rester inconnus, je regrette leur décision ; ayant été à la peine, ils méritaient d'être à l'honneur. Mais je ne saurais omettre de dire que c'est à eux, en grande partie, que je dois le succès de ce livre. C'est pourquoi, encore une fois, qu'ils acceptent, ici, mes remerciements et les remerciements des milliers et des milliers de lecteurs de

LA FIN DU MONDE EN 1921!

Jean ROCROY,
45, Rue de Trévise,
PARIS.

LA FIN DU MONDE EN 1921

? — !

INTRODUCTION

Pourquoi j'écris. — Ce que j'écris. — Pour qui j'écris. — Mais... que suis-je? — Obsession de l'idée de la *Fin du Monde*. — Qui en a parlé et qui en parlera. — Ce qu'est mon travail. — Figure et réalité. — *Euréka*.

Sans autre préambule j'aborde mon sujet : la *Fin du Monde* en 1921 ! non sans vous avoir, au préalable, annoncé que je suis un homme absolument convaincu de l'imminence de l'événement redoutable qui nous menace parce que je crois, par force, aux avertissements de l'histoire. Je crois, et j'écris ce que je crois, autant pour satisfaire les croyants que pour réveiller les sceptiques. Les deux points significatifs, qui suivent mon titre, indiquent assez à qui s'adresse ma brochure. Croyants et non croyants doivent également lire ces pages.

Ce qu'elles contiennent n'est évidemment pas article de foi et c'est sous ma seule responsabilité que je l'écris. Parler de la fin du monde, étudier la question et y répondre est une idée qui m'est venue, voilà longtemps, comme il vient tant d'idées originales à certains esprits remueurs et tracassiers. Et, vous le croirez ou vous ne le croirez pas, j'étais tous les jours tourmenté de plus en plus par cette idée : découvrir la fin du monde (pourquoi pas?) à tel point qu'aujourd'hui la coupe étant enfin pleine, il faut qu'elle déborde. Que voulez-vous, l'esprit n'est-il pas comme le cœur? Mais je me rassure, car je suis certain d'avance de vous intéresser sinon de vous instruire. Libre à vous, bien entendu d'avoir, après comme avant, votre opinion. En matière de fin du monde, surtout, vive la liberté! C'est même en vertu de cette liberté, que je vous reconnais, que j'ose vous présenter mon idée à ce sujet. Acceptez-la, ou non, à votre aise, elle n'en mourra pas pour cela, au contraire, car vous avez beau faire elle vous tient et vous enserre de toutes parts. La pensée de la *Fin du Monde* étreint toute créature qui tremble déjà comme la feuille brûlante à l'approche de l'orage qui monte, elle emplit les esprits et les cœurs qui s'étourdissent pour ne pas voir, mais en vain, car, convenez-en :

> Il succède à ce bruit un calme plein d'horreur,
> Et le *cœur* en silence attend dans la terreur.

En attendant je vais, moi, prouver que la *Fin du Monde* arrive et qu'elle aura lieu en 1921 !...

Mais, à propos, me dites-vous, qu'êtes-vous donc pour venir nous parler ainsi de cet événement si grave de la vie, ou plutôt de la mort, de l'humanité? qu'êtes-vous pour oser nous prédire si crânement sa fin !...

Ah ! oui. J'oubliais de me présenter à mon lecteur.

Que suis-je? Mais ce que vous êtes vous-même ; l'un d'entre vous, un pauvre diable, passez-moi le mot, qui s'essaie tous les jours dans la prose et quelquefois dans la poésie. Ah ! les temps sont durs, allez, pour les prosateurs !...

En tout cas, je ne suis ni prophète ni fils de prophète et je n'ai pas plus que vous de titres pour dire ce que je vais dire. Pour cela du reste, il n'est nullement nécessaire d'être le rêveur, ni même le visionnaire, de l'abbé Soullier (1), il suffit de savoir et, surtout, de vouloir lire.

Or, remarquez-le bien avec moi, je vous prie, c'est justement ce peu de valeur de l'ouvrier qui grandit l'œuvre, cette obscurité du penseur qui laisse toute la lumière à sa pensée. A l'encontre de ce qui a généralement lieu, c'est le travail qui grandit, ici, le travailleur, c'est le monument qui élève l'artiste.

J'avoue donc, très volontiers, que c'est à l'Idée que je réalise en ce moment que je dois le succès de cet ouvrage qui va sans cesse grandissant.

Le monde entier, en effet, se passionne autour de cette question que je soulève à nouveau (2).

Je vois, d'ici, amassés autour d'elle, des savants et des ignorants, des grands et des petits, des anciens et des nouveaux. J'en distingue de toutes les langues, de tous les pays, de tous les idiomes ; j'en vois de toutes les opinions, de toutes les doctrines, de toutes les fois, et tous, empressés et curieux, demandent au passé qu'ils connaissent le secret de l'avenir que j'annonce. Chacun d'eux, maintenant, par ses observations et ses remarques, déchire un peu plus le voile que ne fait qu'entr'ouvrir aux regards ce petit exposé, et ces milliers de lumières finissent par éclairer, enfin, ce côté si sombre de la vie de l'humanité. Les uns, avec leur science, font merveille à l'assaut de cet inconnu menaçant ; les autres, avec leur simple bon sens et leur foi, illuminent un peu plus les ténèbres de notre avenir. Et tous à l'édification de ce monument, de cette colonne éclatante destinée à illuminer le désert de notre vie qui s'éteint, apportent leur part, grande ou petite, mais toujours précieuse, de leurs études et de leurs croyances.

Voilà comment ce travail, si mince en apparence, constitue une œuvre véritable, et pourquoi, en présence de son succès, j'ai le droit d'être fier de la façon *inédite* dont je présente mon idée au lecteur.

Personnellement je n'ai pas la prétention de faire de la science et pour cause... Je ne ferai même de citations que le peu indispensable, que j'ai pu recueillir grâce à mes modestes connaissances, à mes maigres

---

(1) L'abbé Soullier, p. 1.
(2) Voir à la fin de notre introduction les noms de quelques-uns des auteurs qui ont traité cette question.

souvenirs de mon latin perdu et aidé par de savants amis. C'est un exposé nouveau de choses pourtant bien connues que j'ai dû réduire à quelques faits principaux (1).

Cette réduction n'a pas été, vous vous en convaincrez bientôt, travail aisé, mais enfin j'y suis parvenu et rien n'est maintenant plus plaisant que la lecture de cette histoire arrangée dans un ordre qui, loin d'enlever aux événements leur intérêt, leur donne, au contraire, force et valeur. Car c'est cet ordre qui fait précisément la valeur de mon argumentation et la force de ma conclusion. Aussi je vous recommande ces pages dans lesquelles j'ai travaillé à comparer l'histoire moderne à l'histoire ancienne en juxtaposant quelques-uns de leurs événements qui se font pendant d'une manière étonnante. En un mot, j'ai placé ce que j'appelle la *réalité* à côté de ce que j'appelle la *figure*, et rien ne m'a été plus agréable que la contemplation de cette suite de faits historiques visiblement répétés même à des époques très éloignées. Ces faits se ressemblent dans un désordre tel que leur accouplement n'en paraît que plus merveilleux. Car pas un n'a été oublié. Chaque fait de l'histoire ancienne a son pendant ici ou là : chaque figure enfin, a, a eu, ou aura sa réalité. D'où la devise originè de cet ouvrage : *Tout leur arrivait en figure* (V. p. l'explication de cette devise, page 16).

Ces figures qui se réalisent les unes après les autres ont attiré mon attention et c'est en cherchant toujours que j'ai rencontré des séries de faits importants, des chiffres que l'on dirait choisis pour les besoins de la cause et dont les coïncidences merveilleuses ne vous échapperont pas plus qu'à moi. J'ai donc, à force d'étudier, été surpris, puis charmé de ces concordances de dates et, quand je suis arrivé à une certaine hauteur de mon travail, ces sentiments agréables se sont tout à coup changés en une terreur que je ressens encore, pareil, en cela, au savant qui, demandant à la nature une explication qui le passionne y découvre un secret qui le terrasse. Voilà mon *Eurêka* c'est-à-dire la trouvaille dont je veux vous faire profiter, car je suis sûr que, comme moi et avec moi, vous aurez plaisir à suivre l'histoire des peuples anciens dont les péripéties n'étaient que la figure des péripéties de notre histoire qui est, elle, l'évidente réalité. Et la conclusion de tout cela c'est le titre terrifiant écrit au frontispice de ces pages et dont j'ai l'intention de vous prouver irréfutablement la vérité : *La Fin du Monde en 1921 !*

Ceci dit, mettons-nous à l'œuvre (2).

(1) Exactement 320 faits divers ou dates, et 91 savants ou auteurs cités.
(2) Voici les noms des auteurs que j'ai dû consulter :
Bossuet, *Discours sur l'Histoire Universelle*;
V. Boreau, *Hist. sainte*, 23ᵐᵉ édition, Paris, 1850;
Cloquet, *Hist. révélée de l'avenir*, Paris, 1881;
Lhomond, *Hist. abrégée de la Religion et de l'Église*, Tours, 1882;
D. Lévi Alvarez, père, *Esquisses historiques*, Paris, 1855;
La Tour de Noé, *La fin du monde en 1921*, Tourcoing, 1887;
Soullier, *Touchons-nous à la fin du monde ?* Paris, 1872;
Gaume, *Où allons-nous ?*
J. Roy, *L'an mille*, Hachette, 1885;
P. Lachièze, *La fin des temps*, Lecoffre, éditeur, Paris;
Enfin, et surtout, la Bible, *Ancien et Nouveau Testament*.

CHAPITRE PREMIER

Le Monde finira-t-il ? Oui.

Inutile de le nier. — Une démonstration indispensable. — Dieu existe. — Raisons de convenance. — Affirmation de J.-C. — Pourquoi J.-C. ? — Les Evangiles. — L'Apocalypse. — Bossuet. — Croyance des peuples. — Les terreurs de l'an mille ? — Quand les savants parlent. — La comète Biela en 1899. — C. Q. F. D.

Oui, le monde finira. C'est là une vérité qui peut être prouvée et va l'être. Pièces en main nous allons la voir surgir, puis grandir au fur et à mesure que se dérouleront ces pages, et cela dans toute son horreur, car, sans le savoir, abstraction faite de tout ce que nous en avons lu ou entendu dire, nous avons l'instinct que l'événement ainsi désigné sera épouvantable. Il sera d'autant plus horrible que nous le sentons plus inéluctable : je ne dis pas indéniable, car, je le répète, nous le sentons venir pour peu que nous y voulions réfléchir. Du reste, soyons bien persuadés que notre négation ne saurait rien enlever à l'affirmation de l'éclatante vérité de ce fait. Pas plus que

> Les noirs habitants des déserts
> Insultant de leurs cris sauvages
> L'astre éclatant de l'univers

n'arrêtaient

> Le dieu poursuivant sa carrière
> Versant des torrents de lumière
> Sur ses obscurs blasphémateurs,

nous n'empêcherons nous-mêmes, par nos négations ou nos dédains la destinée du monde de s'accomplir au temps fixé par le Maître de l'Univers, temps qui est tout à fait proche de nous et que *beaucoup de ceux qui me lisent subiront certainement.*

J'affirme donc que le monde finira. Pourquoi ? Eh ! tout simplement parce qu'il a commencé, a dit Ernest Renan. Dieu n'ayant pas eu de commencement ne saurait avoir de fin ? Par analogie, je conclus que le monde ayant eu un principe doit avoir une fin.

Mais déjà je vois l'incrédule se lever (pour la forme ?) à ce nom de Dieu que j'ai écrit. Qu'il reste assis.

Mon Dieu n'est nullement effrayant, il n'est pas celui que redoute mon interlocuteur certainement. Mais, cependant, cette vérité de l'existence de Dieu il faut l'admettre, c'est la base de mon argumentation, comme on le verra plus loin. En cette circonstance, comme en tant d'autres, il faut avouer Dieu, quelque gênant que cela soit. Et pourquoi le nierais-je ? pour contenter quelques irréfléchis, *rari nantes...* ?

Cela n'en vaut pas la peine, d'autant qu'enfin je m'adresse à l'immense majorité des hommes, et l'immense majorité n'est pas athée.

C'est pourquoi je tranche d'ores et déjà la question et j'affirme : Dieu existe.

Mais le monde finira, dis-je ? Qui donc, en effet, lui aurait fait des promesses d'éternité et quand donc ces promesses lui auraient-elles été faites ? Que les partisans du monde éternel nous disent (et nous prouvent) en vertu de quoi, par l'autorité de qui, cette éternité en faveur de notre globe. Pour moi je soutiens que cette opinion est au plus haut point injurieuse pour l'homme. Quoi ? moi, le roi de cette création, le seul être intelligent et libre de cette terre, je meurs, et cette terre, créée pour moi, ne finirait pas ?... C'est ici que l'existence de Dieu s'impose. Il ne se peut pas, en effet, que la matière soit au-dessus de l'esprit, l'être supérieur moins favorisé que l'être inférieur. Ce serait un affreux contre-sens : il n'est pas possible qu'il en soit ainsi. L'homme meurt à cette terre, donc cette terre finira avec l'homme. Encore une fois, du reste, qui est-ce qui lui connaît des promesses d'immortalité ? qui en a jamais parlé ? C'eût été, tout au moins, avouons-le, un fait divers digne de figurer dans l'histoire des peuples et jamais cela n'a été constaté, ni même implicitement annoncé. L'Histoire a pourtant parlé de choses bien secondaires, de faits plutôt moins que plus importants, et elle n'aurait jamais parlé du fait par excellence qui eût dû primer tous les autres faits, à savoir : l'éternité promise à notre monde ? Or, voilà qu'au contraire mille et mille voix autorisées ont annoncé de tout temps sa fin certaine. L'autorité de ces voix, aussi formelles qu'unanimes à cet égard, exige que nous nous y arrêtions un instant ; écoutons-les donc affirmant la vérité de la *Fin du Monde*.

I. — *Ceux qui ont annoncé la* FIN DU MONDE

1° Av. J.-C. — *Daniel* revient souvent sur le cataclysme final.

Joël dit : « Que les nations se lèvent et montent vers la vallée de « Josaphat parce que c'est là que je jugerai toutes les nations autour « de moi. »

Isaïe, bien avant le Maître, prophétisait (je traduis mot à mot) :

Le Seigneur des armées a ordonné à la milice de la guerre, aux arrivants de la terre lointaine, des extrémités du ciel :
Voici le Seigneur et les vases de sa colère, afin de dissiper toute terre. Hurlez, car le jour du Seigneur est proche : il viendra, sur son ordre, comme une dévastation. C'est pourquoi toutes les forces seront dissoutes et tout cœur humain sera brisé.
Les torsions et les douleurs le tiendront ; ils souffriront comme la femme qui enfante ; chacun sera pour chacun un objet d'horrible stupéfaction et le visage des hommes sera de feu. Voici, en effet, le jour du Seigneur, jour cruel, plein d'indignation, de colère et de fureur, pour faire la solitude sur la terre et le brisement de ses pécheurs. Parce que les étoiles du ciel et leur éclat ne donneront plus leur lumière : le soleil sera enténébré, dès son lever et la lune ne brillera plus.

Esdras : « Le siècle a perdu sa jeunesse et voilà qu'il commence à vieillir. »

En général, disons que la Tradition, dont nous reparlerons ailleurs, est constante et précise au sujet de la *Fin du Monde*.

Les livres sacrés des Indous et des Scandinaves parlent aussi couramment de la *Fin du Monde*.

Hérodote annonce sa fin dans 10.800 ans ; *Orphée* dans 120.000 ans. *Cassandre* trouve que le monde ne finira qu'après 1.800.000 années.

Aristarque prédisait la débâcle pour l'an 3.484, *Duretès* pour l'an 5.552, etc., etc. Donc pour tous ceux-ci le monde finira.

2° J.-C. et les apôtres ont formellement annoncé, et souvent, la *Fin du Monde*, en y ajoutant des détails sur les terreurs du dernier jour. Exemples :

A propos du temple de Jérusalem dont il prédit qu'il ne restera pas pierre sur pierre, prédiction soit dit en passant qui s'est réalisée à la lettre, le Christ ajoute : « *il y aura des signes dans le soleil, la lune et les étoiles et les hommes sécheront de peur dans l'attente de ce qui va arriver au monde entier, car les vertus des cieux seront ébranlées. Et alors on verra le Fils de l'homme venir sur les nuées avec une grande puissance et une grande majesté.* — Et plus loin : *le ciel et la terre passeront, mais mes paroles ne passeront point* ».

Voilà qui est clair. Ce cataclysme, annoncé sans réticences, ne peut que signifier la disparition des êtres qu'il serait inutile et peu sage en vérité de détruire et de bouleverser s'ils ne devaient pas disparaitre. Quoi qu'il en soit, le mot qui suit est formel : « *le ciel et la terre passeront* ».

Mais je vous parle ici, déjà, du Christ et de son Evangile. Je devrais, à l'égard de cette citation, et de mon choix, un mot d'explication, car ce livre, qui ne craint personne, s'adresse à tous, chrétiens ou non, et j'ai l'intention de solidement établir ma thèse en détruisant d'avance toutes les objections possibles. Cependant, pas plus que je n'ai cru devoir prouver l'existence de Dieu, je ne m'attarderai à prouver, ici, la divinité de J.-C., d'autant qu'à la grande rigueur le titre de *plus grand des philosophes* que daignent lui accorder les négateurs de sa divinité, donne à sa parole une valeur qui me suffit amplement.

D'autant que, je vous le demande, dans cette circonstance, surtout, de notre Fin, quand tout notre être ému, terrifié, cherchera un appui, un secours, vers qui pourra-t-il bien se tourner? Franchement, pourra-t-il bien compter sur Boudha, Confucius, Mahomet ?... Allons donc! soyons francs, pour cette fois au moins, et avouons qu'une seule parole mérite notre créance, celle du Christ auquel tout homme malheureux a, malgré lui, recours. Du reste, le Christ est Celui dont les enseignements sont le plus universellement acceptés comme nous le verrons page 75. Acceptons-les donc aussi (si nous nous trompons, nous serons en bonne et immense compagnie, ce qui est toujours une consolation) et écoutons-en quelques-uns.

Après avoir décrit l'abomination de la désolation prédite par le prophète Daniel, le trouble des éléments et la venue du Fils de l'homme sur les nuées, le Christ ajoute :

« Il s'élèvera une immense plainte par toutes les tribus de la terre et chacun verra le Fils de l'homme (Mat. XXIV) et tout œil le verra. Je vous le dis en vérité, cette génération ne passera pas que ces choses ne s'accomplissent ».

Et ailleurs : « *Jérusalem sera foulée aux pieds jusqu'à ce que soient remplis les temps des nations* ».

« Encore ailleurs : « *Il y aura en ces jours des tribulations telles qu'il n'y en eut jamais depuis le commencement de la créature faite par Dieu jusqu'à aujourd'hui et qu'il n'y en aura jamais* ».

« Ces jours sont évidemment les derniers du monde.

Passons plus loin.

L'Apocalypse développe la prophétie évangélique de la fin du monde : « *J'ai vu un ciel nouveau et une terre nouvelle*, dit Saint Jean, *car le premier ciel et la première terre avaient disparu* ».

Ailleurs, l'Apocalypse fixe la date du grand cataclysme comme nous le dirons plus bas.

Au premier siècle, la communauté de biens des Nazaréens était basée sur leur ferme croyance au jugement prochain des vivants et des morts.

St Grégoire, pape, annonce les malheurs qui vont arriver au monde finissant.

St Léon, pape, vers 348, dit au sujet du dernier jour : « *quoique caché mais cependant prochain* ».

Grégoire de Tours, VIe siècle, dit : « *L'opinion de ceux qui se désolent de la fin du monde me décide à écrire cette histoire* ».

St Cézaire, évêque d'Arles, en 542 ; St Jérôme, St Cyprien, St Ambroise, St Augustin, St Hildegarde, St Malachie, St Bernard, Lactance, Suarez, Bellarmin, Holzhauzer, Pierre d'Ailly, Gilles de Liège. moine à Orval, le grand Gerson, Bossuet ; la Bible d'Avignon, Guizot, Lamennais, Félix. Mgr Parisis, etc... etc... etc... parlent tous de la fin plus ou moins prochaine, mais certaine, du monde.

Le *Koran* dit : « *En ce jour la terre et les cieux seront changés ; le genre humain se hâtera de paraître devant le tribunal de Dieu unique et victorieux* ».

Cette liste est déjà longue de ceux qui affirment la vérité de la fin du monde, et cependant je ne peux résister au plaisir de citer les quelques noms suivants qui ajoutent à leur affirmation de la *Fin du Monde*, la façon tout à fait « rassurante » dont il finira.

Voici donc comment finira le monde d'après les suivants :

Zoroastre dit que le monde finira par le feu ; *Héraclite* et les stoïciens également par le feu ; *Lucrèce, Ovide, Cicéron* et *Virgile* annoncent, à leur tour, que la terre sera dévorée par les flammes.

Ernest Renan, par le froid ; *M. Faye*, par le froid et les ténèbres ; *Charles Richard*, dans un immense déluge qui sera changé en glaces ; *Helmoltz*, docteur allemand : la terre tombera dans le soleil ; lord *Kelvin* : *l'humanité mourra étouffée, asphyxiée, dans 400 ans* ; *Thomson* : *la terre tombera dans le soleil comme un simple aérolithe* ; *William Denton*, célèbre géologue américain, partage cette opinion ; *Camille Flammarion* : « *dans une rencontre de notre globe avec une comète, notre atmosphère flamberait comme un bol de punch. Or*, dit *Képler*, *il y a autant de comètes dans le ciel que de poissons dans l'eau.* » *M. Herbert Spencer*, chef de l'école évolutionniste anglaise, signifie également à l'humanité qu'elle périra comme toutes choses sensibles. « *Notre planète se volatilisera et redeviendra nébuleuse comme ci-devant* ».

Shakeaspeare, dans sa comédie : *La Tempête*, dit : « *Notre vaste globe, oui, notre globe lui-même se dissoudra sans même laisser derrière lui la trace que laisse le nuage emporté par le vent* ».

Hamlet : « *Le soleil perd, avec le temps, sa chaleur et sa lumière* ».

II° *L'unanimité des peuples.*

Vox populi, vox Dei, dit-on ? Eh bien ! écoutez.

C'était une tradition très vivace en Palestine où, de tout temps, on a cru à la *Fin du Monde*. Le fait est constaté par un célèbre docteur de la Loi, Elie, qui vivait déjà 350 ans av. J.-C. Or la croyance des Juifs à la fin de notre terre repose sur la vérité traditionnelle qui remonte aux origines du monde.

Ah ! vous voyez si depuis longtemps je me lance dans la science de l'histoire ? Dame, écoutez-donc, à votre intention, il le faut bien. Croyez-vous donc que j'allais effrontément me payer votre crédulité et vous parler sans preuves ! ah ! non, alors.

Je continue :

La légende catholique, datant du berceau même de l'Eglise, est pleinement d'accord avec l'opinion du peuple le plus ancien du monde dont la tradition est incontestable.

Maintenant ouvrons notre histoire (1). Qu'y voyons-nous ? La terreur des gens, chez nous surtout, à l'approche de l'an mille, l'année terrible, l'année de la fin finale. Cette croyance était, alors, tellement sincère et générale que l'on ne bâtissait plus. On n'achetait plus et on donnait tout aux ordres religieux. Ah ! je vous assure que si l'on a ri en l'an 40, on ne riait pas en l'an mille. C'est là, quoi qu'en disent quelques-uns, un fait historique parfaitement acquis.

En 1887, quand parut l'ouvrage de la *Tour de Noé* annonçant la fin du monde pour 1921, ce fut un véritable pillage. Tout le monde avait hâte de lire ces pages pour se rassurer, et l'ouvrage dut être traduit en sept langues.

Enfin, sans remonter si haut, rappelez-vous ce soir de novembre 1899 quand, tout à coup, on annonça sur l'affirmation d'un grand savant, que la fameuse comète Biela, perdue depuis 1852, allait reparaître pour rencontrer la terre et la broyer !.. Quelle émotion universelle à cette nouvelle, même à Paris, où je me rappelle fort bien la joie des camelots vendant, par poignées, la minime feuille volante sur laquelle un malin avait, à propos, surtout pour sa bourse, détaillé la catastrophe finale !....

Enfin, sans aller chercher si loin, cette petite brochure, que vous avez entre les mains, *parvenue instantanément*, pour ainsi dire, à *son vingtième mille*, n'est-elle pas une preuve de l'intérêt immense de cette question pour tout le monde ?

C'est donc bien vrai, mes amis, allez, nous croyons, d'instinct, à la *Fin du Monde* et rien ne nous arrachera de l'âme cette persuasion.

(1) Par exemple, Duruy, Histoire du Moyen-Age, Hachette, 1861, page 232.

Je m'arrête ici et je constate qu'il est impossible de mieux dire et de mieux prouver que le monde finira. J'aime à croire que mes lecteurs maintenant m'accordent que quand j'affirme la *Fin du Monde* je suis en bonne et docte et nombreuse compagnie et que, quand je l'annonce tout à fait prochaine, j'ai, pour établir mon affirmation pourtant énorme, d'encore plus énormes motifs.

J'arrive donc maintenant à la question beaucoup plus importante *du jour* du dit événement. La certitude de la Fin est hors de doute ; le problème est cent fois résolu pour tout esprit sans préjugés. Mais ce qui reste à savoir, et qui est le plus important et le plus intéressant, c'est l'année de cette terrible catastrophe.

Quand le monde finira-t-il ?

Réponse : Avant 20 ans !!..

En voici les preuves.

CHAPITRE SECOND

Quand finira le Monde ? En 1921

§ 1ᵉʳ

Raisons de Raison

Le pourquoi de la vie et de la mort de l'homme. — Les mauvais anges et les nouveaux élus. — Ce que je ne dirai pas. — Ce que dit le Christ. — Un mot intéressant. — Les répétitions de l'histoire. — C'est entendu.

Dieu était de toute éternité : il se complaisait en lui-même dans son éternel Paradis.

Un jour, Il eut l'idée de peupler ce Paradis, et, à l'instant, des légions d'anges s'empressèrent autour de leur Créateur. Mais, un autre jour, quelques-uns de ces anges, de ces esprits si beaux, faits à l'image de Dieu, ayant voulu s'égaler à Lui, furent précipités, avec Lucifer, leur chef, en tête, aux plus profonds des enfers. Or ces mauvais anges, ou démons, étaient légion ; leur nombre constituait, disent les auteurs, le tiers de la milice céleste, c'est pourquoi un vide immense se fit dans le Paradis et, par le fait même, l'idée de Dieu devint irréalisée : le nombre de ses anges était trop incomplet. Aussitôt donc, dans sa sagesse infinie, le Créateur résolut de remplacer les absents, de combler les places vides, et c'est alors qu'il créa l'homme destiné au ciel. Or la désobéissance de l'homme fit échouer une seconde fois le plan divin, et c'est pour y remédier que l'Incarnation fut résolue. Dieu allait pouvoir repeupler son ciel (1).

Donc l'homme a d'abord été créé, puis racheté, pour remplacer les anges déchus, perdus, eux, sans rémission. Ils avaient trop reçu sans doute pour mériter la pitié divine qui est venue, heureusement, à l'homme.

Il s'agit donc simplement, et tel est, sans doute, soit dit en passant, le plan de la Création, de remplacer, au ciel, les anges chassés et quand ce nombre des anges disparus aura été atteint, quand ces places vacantes auront été remplies (2), en un mot quand Dieu aura réalisé son idée, ces hommes élus, nouveaux anges à ce destinés, n'ayant plus leur raison d'être, l'humanité ayant rempli sa mission, la terre, qui la porte, disparaîtra (3).

Voilà, résumés en un mot, le pourquoi de la vie et le pourquoi de la mort de l'homme.

En définitive donc, et pour conclure ce que de droit de ces considérations, le monde finira quand Dieu aura remplacé dans son ciel les créatures qu'il dut en chasser jadis (4).

Tous ces détails intéressants et les suivants m'ont été fournis par un théologien que je remercie ici de son obligeance. Sans lui, je n'eusse jamais trouvé cette jolie page.

(2) Rom. XI. 28 et suiv. — Bossuet, Disc. sur l'H. U. p. 246.
(3) Donec impleatur numerus fratrum vestrorum.
(4) Donec soluti corpore, Sedes beatas impleant (Hymne des Laudes du jour de la Dédicace des Églises).

Et ceci s'explique aisément et se conçoit comme parfaitement digne de la sagesse divine ; aussi n'insisterai-je pas. Que je rappelle simplement que, St Bernard, par exemple, docteur de l'Eglise ; et, après lui, le grand Gerson, par exemple aussi, ont soutenu et enseigné cette opinion. D'autres, que je ne connais pas, ont dû certainement faire comme eux, mais je ne les rechercherai pas : ces deux exemples me suffisent, un de plus n'ajouterait pas plus de valeur à la chose. Voyez du reste comme cette thèse vient encore joliment à l'appui de ma devise : *Tout leur arrivait en figure* (1). Jean-Baptiste, d'après Gerson que je viens de citer, n'est-il pas aujourd'hui à la place qu'occupait Lucifer et que celui-ci laissa vide par sa faute ? Déjà voilà donc une première figure réalisée. Remarquez-le bien : le premier des êtres créés, le plus beau aussi, Lucifer, est remplacé par le premier des fidèles du Christ, le précurseur, par celui dont l'Ecriture répète aux générations : *Il n'y en a pas de plus grand que Jean-Baptiste parmi les enfants des hommes.*

A cet exemple je pourrais en ajouter bien d'autres, je ne le ferai pas, pour abréger, car je répète, et qu'on le retienne bien, je veux seulement, en cet ouvrage, prouver ma thèse et rien de plus. Je ne fais pas un cours d'histoire comparée. Je prends simplement un, deux ou trois événements, s'ils sont nécessaires, je les indique, je les développe et... je conclus. A un autre de reprendre l'histoire et d'entrer dans les détails ; ce n'est pas mon but, ici. Je ne dis que le strict nécessaire.

Reste donc aujourd'hui à savoir si ce nombre des anges déchus est sur le point, ou non, d'être comblé par les âmes ayant mérité le paradis promis. Or cela nous ne saurions le certifier, sauf par à-peu près ; car il est incontestable que le nombre des âmes sauvées, non seulement depuis J.-C., mais encore pendant les 4000 ans de la loi de nature, doit être incalculable, et comme le nombre des anges déchus est, malgré tout, un nombre limité, il se pourrait bien que cette limite soit près d'être atteinte. Quoi qu'il en soit il nous paraît convenable, en effet, que Dieu en agisse ainsi et que, son plan une fois réalisé, Il laisse cet univers, désormais inutile, rentrer dans le néant d'où il ne le tira que pour Lui. Le travail fini, l'instrument et l'ouvrier doivent disparaître. En effet, ici, ils disparaitront, et certainement à bref délai, tout nous le dit.

Le monde finira donc, me dites-vous, et quand le nombre des hommes sauvés aura comblé celui des anges déchus ? (2) soit, je le veux bien, je vous l'accorde ; mais cela m'importe peu, car je n'y assisterai pas.

Vous n'y serez pas ?... Savez-vous donc la date du grand cataclysme, pour parler ainsi ? Savez-vous l'année, sinon le jour, de cette fin terrible ? Vous ne répondez pas ? Alors je reprends, moi, la parole et je vais vous répondre ou plutôt je vais vous exposer des faits, vous conclurez, et votre conclusion sera ma réponse, *la réponse*.

C'est l'histoire seule qui parlera, sans commentaires, sans fantaisies.

(1) I Cor. X. 11.
(2) Donec impleatur numerus fratrum vestrorum (Fête des SS. Innocents).

Quant au jour et à l'heure, continue le Christ, *nul ne le sait, pas même les anges du ciel*. Alors prenons-en notre parti : le Christ ne nous le dira pas, mais Il ne nous interdit pas de chercher ?

C'est vrai. Alors cherchons. Mais comment s'y prendre ?

Le voici.

Depuis longtemps j'avais été frappé par cette parole, lue ou entendue je ne sais où, à propos de l'histoire du peuple juif : *Tout leur arrivait en figure* (1). Cela sonnait singulièrement à mes oreilles, et ces mots obsédaient de plus en plus et obstinément mon esprit. Aussitôt recueillie, cette pensée grandit en moi et finit par me solliciter à un tel point que je dus, pour mon repos, me mettre au travail. J'ai pris l'histoire, je l'ai lue, relue ; je me la suis assimilée de mon mieux, et, une fois en présence des principaux faits qui, soudain, tous revécurent devant moi en un instant, je me suis dit : or, *tout ceci leur est arrivé en figure*. C'est donc, me dis-je naturellement, que la réalité est venue après ? L'Ancien Testament n'est, en effet, que la prédiction du Nouveau et le Nouveau l'accomplissement de l'Ancien ? C'est enfin le *prœterit figura* des livres sacrés.

Dès lors voyez-vous d'ici mon travail tout tracé ? La vie de l'ancien peuple de Dieu, les péripéties de son histoire ne sont que la figure de la vie et des péripéties de l'histoire du nouveau peuple choisi, du peuple chrétien. Donc aux événements anciens il existe un pendant dans la nomenclature des événements nouveaux. A la *figure* il faut trouver la *réalité* (Que si cependant je ne sais pas en faire l'application, il ne faut pas conclure de suite à la négation. Non : car enfin je n'ai évidemment ni tout vu, ni tout fouillé).

Au reste, je ne suis pas le seul, loin de là, à avoir pensé ainsi et à vouloir trouver une ressemblance entre les deux histoires, le complément de l'une dans l'autre, de la première par la seconde. St Ambroise, dans son homélie sur l'Ev. de la Circoncision, dit : *Vides omnem legis veteri seriem fuisse typum futuri*. Bossuet, lui-même, ne dit-il pas, quelque part, à propos justement de l'abomination de la désolation dont nous parlions tout à l'heure, ces mots que je transcris ici textuellement :

« Je ne dis pas qu'à la fin des siècles, il ne doive pas arriver
« quelque chose de semblable et de plus dangereux, puisque même
« nous venons de voir que ce qui se passe dans Jérusalem est la
« *figure manifeste de ces derniers temps.* » — Et ailleurs :

« Vous pourrez suivre aisément l'histoire de ces deux peuples et
« remarquer comme J.-C. fait l'union de l'un et de l'autre. »

Peut-on abonder davantage dans mon sens ? Entendez bien, Bossuet dit : « *La figure manifeste de ces derniers temps.* »

— « J.-C. fait l'union de l'un et de l'autre. »

Et encore :

« Le jugement terrible, dit Bossuet, que J.-C. devait exercer
« sur eux (les Juifs,) était la *figure* de celui qu'il exercera sur tout
« l'univers, lorsqu'il viendra à la fin des siècles, en sa majesté,
« juger les vivants et les morts. C'est une coutume de l'Ecriture et

« un des moyens dont elle se sert pour imprimer les mystères dans
« les esprits, de mêler, pour notre instruction, la figure à la vérité.
« Ainsi J.-C. a mêlé l'histoire de Jérusalem désolée avec celle de la
« fin des siècles, et c'est ce qui paraît dans le discours dont nous
« parlons.

« Ne croyons pas toutefois que ces choses soient tellement con-
« fondues que nous ne puissions discerner ce qui appartient à l'une
« et à l'autre. J.-C. les a distinguées par des caractères certains,
« que je pourrais aisément marquer s'il en était question », etc..

Ce n'est pas certes aussi aisément que nous marquerons, nous, ici, ces caractères, n'ayant ni le génie ni la science de Bossuet. Mais quelque élevé que soit le modèle, on peut toujours tenter de s'en rapprocher, et nous estimons le faire en ces pages, suffisamment, pour la satisfaction de tous.

Un autre auteur, Lhomond, dans son histoire abrégée de la Religion dit textuellement (1) :

Les histoires de ce temps ne sont que des préparatifs de l'histoire de l'empire indestructible établi par le Messie et promis dès l'origine du monde.

Enfin, Saint Augustin dit, à propos du chapitre III de Saint Jean : Dieu a commémoré ce qui est arrivé en figure aux anciens (2).

Voilà qui est clair et suffisant.

Tout arrivait donc en figure au peuple juif.

« *Ces choses*, dit Saint Paul (3), *leur étaient faites en figure de nous.* »

En somme, ce sont des événements qui se répètent à une certaine distance ou intervalle de temps.

Cette idée, encore d'événements *qui se répètent*, a été souvent émise par des hommes compétents, et récemment par un homme d'Etat français, M. Méline, dans un discours prononcé en présence de sénateurs et de nombreux députés :

« *Les époques d'une nation se rattachent entre elles par certains points de ressemblance qui ont fait dire que l'histoire se répète.* »

L'histoire est une rabâcheuse, disait un autre.

Donc tout le monde pense bien ainsi et je n'avance rien de nouveau, rien de faux.

Voilà maintenant un point bien entendu et bien convenu : *l'histoire du peuple juif est l'histoire anticipée du peuple chrétien* ; ce qui est arrivé au premier doit arriver au second : celui-là a été *l'image* de la vie dont celui-ci est la *réalité*. Il ne peut y avoir de doute à cet égard.

C'est ce que je viens de démontrer.

(1) Lhomond. Histoire abrégée de la Religion.
(2) Quod in figura factum est apud antiquos, commemoravit illud Dominus. (In Ev. sec. Joann. cap. 3).
(3) Saint Paul. I. Cor. X. 6.

§ 2ᵉ

Raisons de convenance

Harmonie entre tous les êtres de la Création. — Règne minéral; règne végétal; règne animal; règne humain; règne angélique; Dieu. — Quanto magis vos! — Lamartine. — Voltaire. — Le rôle des êtres. — Bossuet.

La raison a parlé : le monde finira quand Dieu aura repeuplé son paradis déserté, quand le nouveau peuple choisi aura terminé la tâche à lui tracée par l'ancien peuple de Dieu; quand l'histoire de celui-ci aura revécu par celui-là; quand les faits et gestes des chrétiens auront préparé le grand avènement, sur les nuées du ciel, de Jésus-Christ, roi, triomphateur, comme les faits et gestes des juifs ont préparé la venue, sur terre, du Messie, roi, rédempteur.

Avant d'aller plus avant dans la réponse à cette question, jusqu'ici insuffisamment résolue, de *l'époque de la fin du monde*, il importe beaucoup que j'insiste sur les preuves que je découvre innombrables en faveur de cette première partie de ma réponse à la question qui fait l'objet de ce chapitre, à savoir: *la convenance qu'il y a à l'existence d'une harmonie entre les événements humains;* c'est ainsi que je nommerai cette « *concordance* » des faits dans les deux histoires. Je dis donc que rien ne nous paraît plus digne de la sage toute-puissance de Dieu, que cette harmonie bien visible des événements humains, se complétant les uns les autres, ceux-ci n'étant que les précurseurs de ceux-là; les premiers annonçant, symbolisant, et résumant les seconds tout en les préparant. Les faits et gestes de l'humanité, préparés, mesurés, voulus, immuablement fixés de toute éternité se reproduisent constamment les uns les autres : l'histoire est une rabâcheuse.

Du reste pourquoi cette harmonie n'existerait-elle pas dans les événements de la vie de l'homme qui *s'agite mais que Dieu mène*, quand nous la constatons si grande, si admirable, si belle dans tout le reste de la création?

Il me plaît de consacrer ici deux ou trois pages à vous faire toucher du doigt l'existence de cette harmonie entre tous les êtres créés depuis le plus infime jusqu'au plus grand, pour vous obliger à conclure avec moi, d'abord à l'existence de Dieu, et ensuite à l'existence *nécessaire* de cette même harmonie entre les événements de notre vie, conclusion dont l'objet est la base même de toute mon argumentation et, par conséquent, de mon ouvrage.

C'est pourquoi j'insisterai là-dessus, plus peut-être qu'il ne vous plaira, mais il le faut, car si vous pouviez arriver à me nier l'harmonie dont je me réclame, vous renverseriez, du coup, tout l'édifice que je suis en train d'élever à grand renfort d'imagination et de travail. Souffrez donc que je développe mon raisonnement avec toute l'ampleur qu'exigent l'importance et la solidité de mon monument. En vous montrant l'harmonie établie par le Maître entre les êtres purement matériels et inférieurs de la Création, je veux vous forcer à vous écrier, comme le Christ rappelant à ses disciples les soins du Créateur s'étendant jusqu'aux petits oiseaux qu'il nourrit et aux lys des champs qu'il habille plus magnifiquement que Salomon dans sa gloire, quoiqu'ils ne travaillent ni ne tissent : *quanto magis vos!* A combien plus forte raison, Dieu s'occupe-t-il de vous autres!...

Que serait, du reste, la création, sans cette harmonie? Une œuvre incomprise, imparfaite, indigne de son auteur. Au contraire, nous savons et nous voyons que, dans l'accomplissement de son œuvre, Dieu suit un ordre : il procède, dit je ne sais plus qui, du physique au moral, du corps à l'esprit, du visible à l'invisible, *de la figure à la réalité*. Et cet ordre, il éclate partout. C'est un résultat gradué dans une coordination admirable. Considérons plutôt l'ensemble de cette création et prouvons solennellement cette splendide harmonie des êtres que je prétends que nous allons retrouver dans toute la suite de notre vie humaine, depuis le premier homme jusqu'au dernier, depuis le plus petit événement humain jusqu'aux faits les plus décisifs de l'histoire de notre vie universelle.

Pour se rendre bien compte de l'harmonie qui règne dans la Création il convient, tout d'abord, d'étudier les différentes parties qui en constituent l'ensemble, et les divers liens qui les rattachent les unes aux autres. Cette étude, très sommaire cela va sans dire, pour nous permettre de conclure *de l'harmonie bien prouvée existant entre tous les êtres* A UNE HARMONIE, OBLIGATOIRE DANS LA VIE DU PLUS PARFAIT DE CES ÊTRES, de l'homme.

On distingue trois règnes dans les choses créées : le règne minéral à la base ; le règne végétal au-dessus, et enfin le règne animal dans lequel rentre l'homme.

Examinons, si vous le voulez bien, les traits particuliers qui caractérisent chacun de ces règnes et les rapports qui les relient tous entre eux, ce qui nous permettra de découvrir l'harmonie merveilleuse que je vous ai annoncée.

J'emprunte ces détails à une étude sur la Création, de M. Barthès.

Et d'abord le règne minéral.

Ce qui caractérise ce règne composé de corps uniquement matériels occupant un lieu, c'est la passivité, l'immutabilité, l'indestructibilité. Le règne minéral n'a que l'existence simple : il est fait pour être la base et l'essence de toute créature matérielle.

Mais dans ces corps, qui ne sont cependant que nature, quelle riche et admirable variété de constitutions, de formes, de couleurs, de propriétés! Et aussi quelle savante gradation allant par *degrés insensibles* des corps les plus vils et les plus lourds, les granits, les calcaires, les argiles, les phosphates, le fer et le plomb, jusqu'aux corps les plus précieux et les plus légers ! l'or, l'argent, l'eau, l'air et au sommet de l'échelle naturelle, la lumière, la chaleur et l'électricité.

Le règne végétal.

Le règne végétal est composé d'éléments matériels qui appartiennent tous au règne minéral ; mais il y a ici un principe nouveau qui caractérise le règne végétal et le sépare du règne minéral, c'est la vie. Le végétal naît, croit et meurt.

Or, chez lui, comme chez le premier, c'est la variété la plus riche ainsi que les gradations les plus merveilleuses. Que de différences, en effet, entre les chênes, les ormes, les peupliers, tous les conifères, les arbres fruitiers, tous les arbustes, si distincts de port, de taille, de feuillage, de couleurs, de fruits !

Quelle variété encore dans toutes ces herbes, ces mousses, ces lichens qui tapissent la terre et les roches manifestant, avec la même éloquence que le règne minéral, la richesse de conception du Créateur !

Le règne animal.

Le règne animal se superpose au végétal et se l'approprie, comme le règne végétal est au-dessus du minéral et se l'assimile. Ce qui différencie ce règne des deux autres, c'est le mouvement libre.

En effet, l'animal n'est pas attaché à la terre comme le végétal. Il a la vie comme ce dernier ; lui aussi naît, croit et meurt ; mais, sauf de très rares exceptions, comme le corail, qui fait le trait d'union entre les deux règnes, ses pieds ne sont pas rivés à la terre, il marche, il rampe, il vole, ou il nage librement. Enfin il se nourrit directement ou indirectement des végétaux.

Et dans ce règne supérieur, comme dans les deux autres, la variété y est aussi riche qu'harmonieuse. Que d'animaux dissemblables ! de l'éléphant gigantesque à l'humble fourmi, de l'aigle altier au mince moucheron en passant par les myriades d'insectes et d'êtres microscopiques qui vivent et se multiplient en légions infinies ! Quelle variété, quelle richesse, quelle harmonie surpassant encore la variété, la richesse et l'harmonie des deux règnes inférieurs, sans parler des transitions admirablement ménagées partout et entre tous ces êtres.

La sensibilité et le mouvement, par exemple, produits par le système nerveux, distinguent l'animal de la plante. Mais ces caractères sont si obscurs chez les zoophites rudimentaires, commençant le règne animal, qu'ils se confondent presque avec les végétaux qui s'en rapprochent le plus. Les feuilles de la sensitive et des dionées sont plus sensibles au contact, au toucher, que les coraux, les polypes, les éponges. Une mouche se pose-t-elle sur une feuille de dionée, celle-ci se ferme aussitôt et étouffe l'animal. Des expériences et des analyses faites récemment par M. Claude Bernard ont encore rapproché la plante de l'animal prouvant ainsi un enchaînement admirable entre tous les êtres. Mais nous ne voulons pas insister davantage sur cette étude éminemment propre cependant à fortifier la preuve de ce que j'avance à savoir : qu'une harmonie magnifique existant entre la vie de tous les êtres, cette harmonie doit, *a fortiori* exister *entre les événements humains. Quanto magis vos !*

Passons au règne humain.

L'homme est animal par son corps, animal perfectionné, beau de formes, regardant le ciel, mais il est aussi, par son âme, une intelligence raisonnable, capable, en un degré supérieur, de comprendre, de combiner, de vouloir et d'agir. Il est donc animal par son corps, et ange par son esprit. En lui se résume et à lui aboutit toute la création inférieure, comme il est le point de départ de la création supérieure.

St Grégoire dans son Homélie 29 sur l'Evangile du jour de l'Ascension, définit ainsi cette idée de l'homme résumant toutes les créatures auxquelles J.-C. enjoint à ses Apôtres d'aller prêcher l'Évangile :

« Par le mot de toute créature c'est l'homme qui est désigné. Car l'homme a quelque chose de toutes les créatures. Car il a de commun l'existence avec les pierres, la vie avec les arbres, la sensibilité avec les animaux, l'intelligence avec les Anges. (1)

La vie d'une telle créature serait-elle donc livrée au hasard des événements, et dans ces événements n'y aurait-il pas au moins un peu de l'harmonie que nous savons pertinemment exister partout ailleurs dans la création ?

Encore un mot pour prouver qu'il existe une liaison entre l'homme et les plantes et pour attester que la chaine des êtres de la création est sans interruption depuis le dernier des minéraux jusqu'à Dieu. Cette ressemblance entre eux est tirée de l'identité de leurs principes immédiats. M. A. Gautier, ayant réussi à obtenir la matière verte des végétaux : la chlorophylle pure et cristallisée, a constaté qu'elle était soluble dans les mêmes liquides que la matière colorante de la bile humaine : la bilirubine est douée des mêmes réactions. Les cellules du foie, dans la secrétion de cet organe, remplissent donc le même rôle que les cellules végétales : d'où la supposition de l'unité de la vie dans tout l'empire organique et une origine commune à tous les êtres vivants dont l'empreinte se retrouve jusque dans les plus éloignés.

Ach. Richard a comparé ainsi l'ensemble des êtres organisés comme formé par deux pyramides se touchant par la pointe. Une vésicule organique en est le point de départ commun. Elle s'anime pour commencer la série animale et reste immobile pour servir de base à l'individualité végétale. C'est en se rapprochant de ce point commun que les analogies existantes entre ces deux grands embranchements augmentent, tandis que leurs différences s'accroissent à mesure qu'on s'en éloigne. L'ensemble de la vie ne peut se résumer par une image plus exacte ni plus sensible.

Le professeur Ch. Robin est encore très explicite au sujet de cette unité des deux règnes. Hackel est entièrement de cet avis.

Et vous, chers lecteurs, êtes-vous aussi de cet avis ? Voyez-vous l'enchaînement splendide de l'organisation des créatures ? M'accorderez-vous maintenant que cette même harmonie doit régner aussi complète, pour le moins, dans les événements humains ? Vous savez bien du reste, je vous l'ai rappelé tout à l'heure, que : l'homme s'agite et Dieu le mène. Peut-il, Dieu, qui a si bien harmonisé toutes choses, ne pas harmoniser aussi merveilleusement les agitations humaines ? Ne serait-il pas illogique, s'il en agissait autrement ?

Nous venons de voir ces gradations qui vont, par degrés insensibles, de la matière pure aux premiers rudiments de la vie végétative et animale, de ces rudiments encore informes jusqu'à l'animal le plus perfectionné, de cet animal d'élite jusqu'à l'homme inférieur, et enfin de cet homme inférieur jusqu'à l'homme presque angélique (1).

(1) Minuisti eum paulo minus ab angelis

Il nous resterait à dire un mot du règne angélique bien distinct des règnes précédents et qui leur est à tous supérieur puisqu'il se rapproche davantage du type immatériel divin. Nous ferons seulement remarquer que tous ces millions d'anges divisés, on le sait, en neuf chœurs différents de noms et d'attributs, sont de même nature quoique ayant des perfections diverses, des beautés et des noblesses particulières, chacun selon son rang. C'est toujours l'échelle des êtres qui nous fait monter insensiblement jusqu'à l'Être suprême.

De sorte que l'on peut dire que, de même que les règnes inférieurs s'absorbent de degré en degré, le végétal s'appropriant le minéral, l'animal s'appropriant le végétal, et l'homme s'appropriant et absorbant en lui et l'animal et le végétal et le minéral, l'ange, d'un degré supérieur à l'homme, s'approprie à son tour, autant que faire se peut, l'homme lui-même, et, par cette continuité de l'ascension universelle des êtres, rapproche toute créature, dans le premier des séraphins, de cette Divinité redoutable d'où tout est sorti et où tout revient ainsi aboutir. Et cependant entre ce premier des séraphins et Dieu il y avait encore un immense échelon à gravir, un abîme infranchissable qui a été franchi, à mon avis, par l'Incarnation du Verbe de Dieu. Ainsi, le Créateur s'est approprié la nature humaine en l'unissant hypostatiquement à la nature divine dans une seule et même personne, J.-C., et, par là, il a ramené à lui toute la création.

Frayssinous, dans sa *Défense du Christianisme*, dit, quelque part, après avoir fait une énumération magnifique des beautés de l'univers: Tout cela ne forme-t-il pas *un concert, un ensemble de parties, dont vous ne pouvez détacher une seule sans rompre l'harmonie universelle ?* Et de là comment ne pas remonter au principe, auteur et conservateur de cette *admirable unité*, à l'esprit immortel qui, embrassant tout dans sa vaste prévoyance, *fait tout marcher à ses fins avec autant de force que de sagesse.*

Que si nous passons maintenant dans le monde des planètes, nous y trouvons aussi une harmonie qu'un savant, qui signe Azbel, a consignée dans un magnifique volume: *Loi des distances et des Harmonies planétaires*, qu'il a adressé récemment à l'Académie des Sciences.

Dans ce curieux ouvrage, le modeste savant vient de rectifier, d'établir de façon définitive cette loi des distances planétaires, dont l'embryonnaire révélation est connue dans le monde scientifique sous le nom de *Loi de Bode*; la succession des planètes dans l'espace obéit à un ordre de progression dont il importait de trouver le principe ; c'est aux mathématiques de l'harmonie et de l'esthétique que l'auteur a eu recours, et, sans entrer dans des détails qui pourraient paraître ardus, la trouvaille est vraiment trop jolie pour que nous ne disions cependant pas tout de suite que le système solaire apparaît composé de quatre rapports harmoniques, soit 8 octaves 1/4, c'est-à-dire exactement l'étendue de notre clavier sonore normal.

« Le texte de la loi des distances planétaires affirme cette vérité, invraisemblable, — banale, demain, — que l'on peut désormais compléter la détermination des mesures d'espace par l'harmonie. Les yeux les faisaient *voir*, les mathématiques les faisaient évaluer, l'harmonie les fait *entendre*, — et comprendre. Notre Terre, dès lors, n'est plus seulement à telle distance probable ou certaine, elle est, mieux et plus encore, à 11,4 vibrations

du soleil, dont elle entend battre le cœur immense à 15 pulsations près. »
Conclusion :
— Le but de l'harmonie planétaire, souverainement exprimé et atteint, à travers l'infini des complications apparentes, et des minorités secondaires, est L'ACCORD PARFAIT MAJEUR
Est-ce assez joli ? pouvais-je négliger cette citation harmonique ?

Une comparaison tirée de l'arc-en-ciel résumera admirablement tout ceci. De même que les couleurs se succèdent, se fondant magnifiquement les unes dans les autres, celle-ci absorbant celle-là sans que l'on puisse dire à quel point précis, ainsi les êtres créés forment un arc-en-ciel merveilleux de formes, de grandeurs, de nuances, de forces, de durées, d'intelligences, de vies, sans que l'on puisse exactement préciser celui de ces êtres qui fait plus spécialement l'union au-dessus ou au-dessous de lui, à droite ou à gauche de lui. Car chacun d'eux forme comme un centre autour duquel rayonne une multitude d'autres êtres ayant avec lui des points d'attache et de ressemblance, de sorte que de cette chaîne, ou plutôt de cette surface à mailles serrées, on ne saurait détruire l'une de ces mailles sans emporter tout l'ouvrage.

Voilà tant bien que mal rendue, l'idée que je me fais de cette unité des êtres du monde que je tenais à expliquer à mes lecteurs pour la solidité de la conclusion de mon ouvrage.

Mais je m'arrête ici. Si j'ai cru devoir insister, peut-être un peu trop au gré de certains, sur ce tableau de l'harmonie des êtres, c'est qu'il en valait réellement la peine, c'est aussi parce que je veux pouvoir affirmer sans craindre la moindre objection et sans qu'il y ait le moindre doute à cet égard, que l'harmonie des événements, comme l'harmonie des chiffres que je vais rapporter est voulue du Maître du monde ; que ces événements s'étagent les uns sur les autres, qu'ils se complètent mutuellement, qu'ils s'enchaînent et que leur ensemble forme un tout qui, une fois qu'il sera accompli, aura réalisé les ordres suprêmes. De même que l'enchaînement si serré des êtres ne saurait laisser la place à un être nouveau, *de même les événements de l'histoire arrêtés et fixés quant au nombre et à la nature ne sauraient laisser la place à un événement nouveau*, ET QUAND LA LONGUE NOMENCLATURE DE CES FAITS ET GESTES DE L'HUMANITÉ AURA ÉTÉ ÉPUISÉE, L'HUMANITÉ ELLE-MÊME DISPARAITRA : CE SERA LA FIN.

Voilà la preuve *à côté* que je tenais à mettre en lumière et à bien asseoir avant d'aller plus loin dans l'édification de mon monument. Elle constitue, si vous voulez une comparaison qui vous fasse saisir mon idée, le contrefort de ma construction.

A l'appui de ce que je viens de dire, et pour jeter là-dessus la note gaie, écoutons Lamartine développant cette idée :

« C'est ainsi qu'entre l'homme et Jéhovah lui-même,
« Entre le pur néant et la grandeur suprême,
« D'êtres inaperçus une chaîne sans fin
« Réunit l'homme à l'ange et l'ange au séraphin :
« C'est ainsi que pendant l'étendue infinie
« Dieu répandit partout l'esprit, l'âme et la vie.

Voltaire lui-même, qu'on ne saurait soupçonner de partialité en ces matières, trouvait cet ordre admirable, et il écrivait :

« Je ne sais s'il y a une preuve plus frappante et qui parle plus forte-
« ment à l'homme, que cet ordre admirable qui règne dans le monde, et si
« jamais, etc... »

Quanto magis vos dois-je donc dire ici. *A combien plus forte raison* tout cela arrive-t-il à l'homme dont Dieu prend évidemment plus de soin. C'est pourquoi il a ménagé dans les événements humains et la suite de toutes nos existences qu'il tient en ses mains, une harmonie tellement parfaite que notre intelligence est trop infirme pour l'embrasser, mais que notre raison est obligée de reconnaître et d'accepter.

« *Dieu*, dit Bossuet (1), *qui a fait l'enchaînement de l'univers, a voulu,*
« *pour rétablir l'ordre que les parties d'un si grand tout dépendissent*
« *les unes des autres ; ce même Dieu a voulu aussi que le cours des cho-*
« *ses humaines eût sa suite et ses proportions* ».

Et ailleurs :

En un mot il n'y a point de puissance humaine qui ne serve malgré elle à d'autres desseins que les siens. Dieu seul sait tout réduire à sa volonté. C'est pourquoi tout est surprenant à ne regarder que les causes particulières, et néanmoins *tout s'avance avec une suite réglée.*

Voilà qui est bien clair : évidemment c'est la meilleure réponse au « *quanto magis vos* » de tout à l'heure.

L'Univers est un tout harmonique et solidaire, a dit *Benjamin Gastineau* que nous avons consulté pour bien des chiffres, et rapporté ici : Ses admirables lois d'ordre, ses formes si diverses et si multiples, ses puissantes harmonies expriment la beauté éternelle.

D'un attrait, d'une douceur, d'un charme irrésistible lorsque ses éléments créateurs et conservateurs règnent et prédominent, elle est terrifiante lorsqu'elle déchaîne ses éléments destructeurs.

Voilà donc qui est bien entendu :

L'harmonie parfaite qui relie entre eux tous les êtres, depuis le dernier des minéraux jusqu'à Dieu lui-même, existe *à plus forte raison* dans les événements humains.

§ III

Harmonie des chiffres

Date de la Création du Monde. — Durée des 6 jours. — Le nombre 1.000. Esdras. — Les 12 divisions du siècle, de l'année, du jour. — L'Apocalypse. — Les âges du Monde. — L'Eglise et ses docteurs. — St Malachie et sa prophétie des Papes. — La Tradition et les Saints. — Le juif, le chrétien et le cœur. — Premier tableau.

Dans ce paragraphe, j'entreprends la preuve, par les chiffres, qu'il existe une harmonie parfaite entre les dates des principaux événements du monde.

(1) Discours sur l'Hist. Universelle, p. 361.

Le premier des chiffres qui s'offre à nous est naturellement celui de la création du monde.

Il y a plusieurs systèmes de chronologie et diverses dates de ce grand événement; les voici avec le nom de leurs auteurs :

1° Denys le Petit, prêtre catholique : 4.000 av. J.-C.;
2° Ussérius, Irlandais, d'après l'Ancien Testament; 4.004;
3° Le P. Tournemine, d'après le texte samaritain : 4.305;
4° Les Bénédictins, suivant le texte hébreu jusqu'au déluge et le texte samaritain jusqu'à Abraham, 4.963; c'est aussi la date de l'Art de vérifier les dates.
5° L'Eglise grecque, d'après les septantes, 5270.

Nous adopterons ici le premier système, celui de Denys le Petit, dont le chiffre 4000 rallie à lui un autre système celui d'Ussérius, 4004. Du reste, ce système est basé sur le récit de l'Ancien Testament, notre base aussi, à nous; du reste encore, cette différence de 4 ans constitue, à une pareille distance de nous et eu égard à un si gros chiffre une quantité impunément négligeable. C'est ce système qu'a adopté Bossuet dans son *Discours sur l'histoire universelle* et bien d'autres auteurs et savants, avant comme après, ont fait comme lui. De nos jours, le docteur John Lightfoot, vice-chancelier de l'Université de Cambridge et, de plus, hébraïsant de première force, a consacré quinze ans de sa vie à résoudre scientifiquement le problème du jour de la naissance du premier homme. Après avoir compulsé tous les textes bibliques et autres, après s'être lancé dans des calculs de concordance sur les calendriers romain, julien et grégorien, calculs extrêmement ardus, comme bien l'on pense, il est arrivé à la conclusion qui, pour lui, ne saurait être contestée, qu'Adam a été créé par Dieu, dans les conditions relatées par la Genèse, le 23 octobre 4004, à 9 heures du matin!... (Extrait du *Petit Parisien* du 2 novembre 1902).

Nous sommes donc en bonne compagnie. Nous ne nommerons pas d'autres auteurs : car si les autorités invoquées ici ne suffisent pas au lecteur, rien ne lui suffira; ceci dit une fois pour toutes. Nous voulons prouver, mais non pas convaincre, que l'on remarque bien la nuance.

Quoi qu'il en soit donc et pour en revenir au chiffre qui nous occupe, cette différence, sensible dans les premiers temps de l'histoire, disparaîtra à mesure que nous nous rapprocherons du christianisme : bien avant l'ère chrétienne, déjà, nous le verrons, l'accord se fera de plus en plus complet et unanime entre les chronologistes.

« *Du reste*, dit Bossuet, traitant de cette matière, *une date plus ou moins avancée, plus ou moins reculée, ne fait rien à la suite et à l'accomplissement des conseils de Dieu* ».

Donc le monde a été créé en 4000 av. J.-C. Nous venons de motiver notre choix et nous ajoutons que toute autre date, tout autre chiffre est inadmissible : nous le prouverons tout à l'heure. Continuons notre raisonnement.

Le monde a commencé sa véritable et complète existence 4000 ans av. J.-C. et lui-même a coûté à son fondateur six jours ou époques de travail.

Ici, grande polémique déjà au sujet de la valeur de ces jours. Que valent-ils ? Sont-ils des instants, des jours de 24 heures, des années, des milliers de siècles ? Ne sont-ils même que des actions ?

On n'en sait rien précisément. Mais ce que nous savons, et ce qu'il faut bien retenir, pour la solidité de notre argumentation, c'est que l'Eglise catholique, souveraine en ces matières, faute d'autre, et la seule autorité intéressée qui puisse nous chercher chicane ici, les autres cultes se désintéressant de ces questions comme de tant d'autres, n'a condamné aucune des hypothèses des géologues qui donnent au mot : jour, le sens de période qu'ils expliquent du reste d'une façon très rationnelle; et, à mon petit avis, péremptoire. Le simple bon sens crie, en effet, en faveur de leur système, voici comment.

Si le Créateur, dis-je, n'a mis que six instants pour parfaire son œuvre, pourquoi Moïse emploie-t-il, ici, le mot de : jour? quand, dans de multiples circonstances, il a employé le mot *instant* pour désigner de courtes périodes. S'il avait voulu dire: instant, il l'eût dit, à mon avis. Pourquoi répète-t-il la division de ce jour : et d'un soir et d'un matin fut fait le premier, le second, le troisième, etc... jour. Il y a donc dans cet espace de temps une division sensible, un soir et un matin difficiles à placer dans un instant. Les instants peuvent-ils avoir de ces divisions, de ces interruptions si bien marquées ? Bien mieux : si ce travail a été si court que cela, six instants, s'il a été, en conséquence, si peu pénible, je ne vois pas bien Dieu, pourtant vaillant et infatigable, je suppose, se reposant le septième instant. Oh ! je sais bien que je joue ici un peu sur les mots : mais les mots ne nous jouent pas, eux, et ce qu'ils nous disent est assez clair. Avant tout autre sens à leur faire rendre, il faut d'abord leur prendre le sens littéral, *prout sonant*. Eh bien ! je soutiens que le mot : jour ne signifie ici, ni instant, ni acte, ni action, mais période et époque, affirmation toutefois qui ne me vaut aucun mérite puisque nombre de commentateurs, et non des moindres, l'ont ainsi interprété et prouvé, quelques-uns allant même jusqu'à spécifier et limiter la durée de ces époques auxquelles ils attribuent unanimement une durée de mille ans, ainsi Snider, par exemple, dans son livre : *la Création et ses mystères dévoilés*.

Mille ans est le chiffre le plus généralement adopté, et puisqu'il nous fallait en choisir un, c'est celui que nous avons dû prendre. On va voir bientôt comme il convient admirablement à toutes les données qui se rattachent à notre question, que nous les puisions dans l'Apocalypse ou dans le livre d'Esdras, dont nous allons parler, ou ailleurs. Sans doute, je l'avoue bien vite et sans crainte, sûr qu'on ne m'en fera aucun reproche, mon raisonnement est assis, jusqu'ici, en porte à faux (je ne sais si je m'exprime bien) car je prouve par ma conclusion; mais attendez le couronnement de l'édifice et vous verrez que sa solidité ne laisse rien à désirer.

Voici dans quels termes Bossuet (1) explique et prouve la nécessité des périodes à l'exclusion des instants :

(1) Discours sur l'Histoire Universelle, livre II, chap. I.

« *Il a voulu*, dit-il en parlant de ce puissant Architecte à qui les choses
« coûtent si peu, *il a voulu les faire à plusieurs reprises et créer l'univers*
« *en 6 jours pour montrer qu'il n'agit pas avec une nécessité ou par une impé-*
« *tuosité aveugle, comme se le sont imaginé quelques philosophes... En*
« *faisant le monde à plusieurs reprises, il montre qu'il est le maître de sa*
« *matière, de son action, de toute son entreprise, et qu'il n'a, en agissant,*
« *d'autre règle que sa volonté toujours droite par elle-même.*

Nous concluons donc que la création du monde a duré 6 jours, 6 époques ou 6.000 ans de nos années.

Le septième jour, Dieu se reposa, soit encore 1.000 ans.

Et, en effet, ce chiffre est le seul que nous puissions, que nous devions admettre, autrement toute explication subséquente serait impossible. Ecoutons encore, à ce sujet, quelques citations remarquables.

D'abord, cette parole mille fois citée par les auteurs et sur laquelle il n'y a pas à argumenter (1) : *Le monde vivra autant de fois mille ans que Dieu a mis de jours à le créer.* En somme, il mettra autant de temps à se perfectionner avant de finir, que la création elle-même a mis de jours (de mille années chacun) à se parfaire. Ce raisonnement trouve son explication admirable, dans les tableaux que nous donnons plus loin (2) relatifs aux 6 jours comparés aux 6 âges de l'Eglise et du monde, le septième jour n'entrant pas dans l'exposé du tableau en tant qu'il est le jour du repos.

Mais voici mieux et tout à fait péremptoire.

Je donne la parole à Esdras, auteur inspiré, qui vivait 500 ans avant Jésus-Christ et à qui sont attribués divers livres canoniques.

Qu'on ne m'en veuille pas, soit dit en passant, de mon choix d'auteurs si foncièrement catholiques : je n'en connais pas dans les autres camps qui aient ainsi traité cette difficile question : je n'en sais pas, d'ailleurs, qui eussent pu le faire avec la même autorité. Mais écoutons bien et suivons attentivement.

Je lis au L. IV, chap. 14, ✝ 22 :

« *Seigneur si j'ai trouvé grâce devant vous, envoyez-en moi l'Esprit-*
« *Saint et j'écrirai tout ce qui a été fait dans le siècle depuis le commen-*
« *cement et qui était écrit dans votre loi, afin que les hommes puissent*
« *trouver la voie et qu'ainsi ceux qui voudraient vivre* AUX DERNIERS
« JOURS *vivent.*

C'est ici une confirmation évidente et claire de ma devise. Esdras dit en réalité et en propres termes : *Ce qui a été fait dans le siècle depuis le commencement, est un enseignement pour vivre aux derniers jours. Ils ont été la figure, vous serez la réalité.*

Mais continuons, voici qui est plus grave.

Après des instructions solennelles et particulières, le Seigneur parle à Esdras qui parle à Israël (3) :

✝ 10 *Car le siècle a perdu sa jeunesse et les temps commencent à vieillir ;*

(1) Voir page 31.
(2) Voir pages 35, 42 et suiv.
(3) Le lecteur me dispensera une fois pour toutes de citer le texte latin.

♰ 11 *Car le siècle est divisé en 12 parties et déjà la dixième et la moitié de la dixième sont écoulées;*

♰ 12 *Il lui reste à s'accomplir tout ce qu'il y a au-delà du milieu de la dixième partie... etc..*

Voilà la traduction littérale du texte latin, sans phrases, sans mots inutiles. L'application en est, on ne peut plus facile, faisons-la.

Le Siècle est divisé en 12 parties, c'est Esdras qui parle 500 ans avant Jésus-Christ.

Le Siècle c'est évidemment, cela ne peut-être que l'existence du monde, laquelle part du premier instant de la création. Or, cette œuvre a duré 6 jours et un jour de repos, c'est-à-dire 6.000 ans plus 1.000 ans. Et alors, ainsi s'explique la parole d'Esdras autrement inexplicable et absurde, au premier chef (1).

Reprenons encore ces paroles.

Esdras écrivant 500 ans avant Jésus-Christ, soit 3.500 après la création du monde, qui a eu lieu en 4.000, dit : *Le siècle est divisé en 12 parties* (mille ans 12 fois répétés) *et 10 parties et la moitié de la dixième sont écoulées.* Ce nombre fixe de 12 ne laisse donc pas le choix d'un autre chiffre pour nos époques, car, autrement, nous ne ferions jamais cadrer les dates bien connues des grands événements et qui sont indiscutables. Donc, les 6.000 ans de la Création, c'est convenu (on voit déjà se consolider notre raisonnement en porte à faux, de tout à l'heure) plus les 1.000 ans de repos et les 3.500 d'Adam à Esdras, soit 10.500 écoulés, correspondent admirablement, d'abord à la date de 4.000 ans, date du dernier jour de la création et du premier du monde, et à la statistique d'Esdras qui déclare que lui, étant vivant, (3.500 après la création) il y a 10 parties et demie écoulées. La date de l'existence d'Esdras est reconnue : la date de 4.000 ans généralement adoptée, n'étant nullement condamnée, devient admissible : je n'invente donc rien ; nous ne faisons qu'une supposition, provisoire, celle de 6.000 ans, durée de la Création, mais que nous justifierons pleinement, par la suite, avec l'affirmation d'Esdras dont nous ne nous contenterons cependant pas.

Si donc en l'an 3500 avant J.-C. il y a 10 parties 1/2 écoulées sur 12, il n'en reste plus que 1 1/2, soit 500 ans jusqu'à J.-C. et 1000 ans après, ce qui explique la créance ajoutée à cette parole que je citais plus haut : « Le monde vivra 1000 ans et plus. »

Voilà donc les 12 périodes d'Esdras aujourd'hui bien complètes, et quelques années supplémentaires, hors de compte puisqu'elles ne constituent pas une période entière. Et que le lecteur ne soit pas surpris de cette manière de compter ou plutôt de ne pas tenir compte d'une fraction même très importante d'un nombre. Ceci arrive fréquemment dans les supputations et évaluations de chiffres et il serait facile d'en citer de nombreux exemples pris, non seulement dans les Ecritures, mais même dans notre vie courante. Nous

(1) Un auteur, dont les livres inspirés ont été, pour la plupart, déclarés canoniques, peut-il être trouvé absurde, même dans ses écrits non canoniques? Non.

pensons qu'il est inutile d'entrer dans des détails de ce genre n'ajoutant rien à la valeur de nos preuves.

Le lecteur voit-il bien que le chiffre d'Esdras nous lie dans notre évaluation en années des époques ou périodes de la création ?

Choisissons du reste un autre chiffre que le nombre 1000 et appliquons, *si possible*, le calcul si simple et si élémentaire d'Esdras. Prenons, par exemple, 1500 pour chiffre de durée d'une période. Quelle perturbation, tout de suite, dans l'économie de nos dates. Nous voici donc portés à 18.000 années pour 12 périodes. Les 6000 ans de la création deviennent 9000 ans, etc. Impossible dans ce cas, de faire cadrer nos dates, je parle de celles reconnues par tous les historiens et se rapprochant de l'ère chrétienne.

Esdras savait donc bien ce qu'il écrivait, et nous voilà bien forcés d'accepter ses chiffres.

1000 est le chiffre d'Esdras. Or c'est aussi celui de l'Apocalypse comme nous allons le voir : c'est enfin le chiffre du plus grand nombre. Le monde entier, en effet, s'y est arrêté : l'humanité, à cette date, a eu comme une intuition de l'avenir, c'est-à-dire de sa fin ; seulement elle comptait sur le chiffre mille exact, oubliant l'important surplus annoncé. Mais c'est toujours la période de mille qui est dans l'esprit. (Voir page 31 la citation frappante de saint Barnabé.)

Nous l'adopterons donc définitivement.

Remarquons en passant le choix mystérieux de ce nombre 12. 12 est le nombre préféré dans les Ecritures en matière de statistique, de dénombrement, de supputation, (nous comptons 12 prophètes, 12 apôtres, 12 périodes, 12 envoyés de Josué, 12.000 élus des tribus etc...) et il est lui-même un multiple de 3, le nombre par excellence. Ceci est sans doute de fort peu d'importance, aussi est-ce une simple remarque que je fais en passant. Mais voici une autre analogie qui ne peut pas ne pas nous frapper, surtout en cette question de temps : c'est que cette division du siècle, c'est-à-dire du monde vivant, en 12 périodes est aussi la division du siècle dont les années sont faites de 12 mois, et le chiffre aussi de la division du jour proprement dit qui a 12 heures ou 2 fois 12 heures. N'est-ce pas remarquable ? J'ajoute, n'est-ce pas convenable qu'il en soit ainsi ?

Encore une fois tout ce que je dis là n'est nullement article de foi : mais c'est d'un à-propos, il faut l'avouer, bien fait pour nous émouvoir.

Voilà pour Esdras qui a magnifiquement répondu, je trouve, à ma question : quand le monde finira-t-il ? Il dit : *Le siècle est divisé en 12 parties. Il y en a 10 1/2 écoulées.* Il n'en reste donc plus que 1 1/2 au moment où parle Esdras, c'est-à-dire 500 ans avant le Christ. Or chaque période étant d'une durée de 1000 ans, il ne restait, à l'époque d'Esdras, que 1500 à venir, auxquels le Christ a ajouté un surplus d'années ne devant pas dépasser 1000. Or, aujourd'hui que nous voilà en 1904, il ne reste plus au monde que 100 ans à vivre au grand maximum.

Le monde ne les vivra pas, c'est certain ; nous en verrons plus loin le pourquoi.

Ecoutons maintenant l'Apocalypse.

Nous transcrivons textuellement en traduisant mot pour mot.

Ch. XX. 1) *Et je vis un ange descendant du ciel ayant la clef de l'abîme et une grande chaîne dans sa main.*

2) *et il saisit le dragon, le serpent antique, qui n'est autre que le Diable et Satan et il le lia pour mille ans.*

3) *et il le jeta dans l'abîme et il l'y enferma et il mit son sceau afin qu'il ne séduise plus les nations jusqu'à ce que soient consommés mille ans et après ce temps, il faut qu'il soit délié un peu de temps. Alors arriveront les grandes tribulations. Après cela le jugement.*

Voilà donc qui est clair. D'après l'Apocalypse, et dès cette époque, le monde n'a plus que 2000 ans à vivre, ou plutôt sa fin viendra dans le deuxième mille de l'ère chrétienne. Le deuxième mille ? Eh ! oui vous avez bien lu, dans le deuxième mille. Or nous voyons, hélas ! qu'il est fort entamé. Mais voyons aussi comment le nombre mille est toujours choisi et nommément employé. N'avions-nous pas raison dans notre choix ? Le diable lié 1000 ans, puis délié pendant 1000 autres années, cela fait bien deux mille. Le monde est donc à sa fin.

Ailleurs, l'Apocalypse place le grand cataclysme final après mille ans six fois répétés ou deux mille ans trois fois redits. Toujours donc 6000 ans, les 6000 ans d'Esdras que nous avons si bien étudiés tout à l'heure et que nous avons été forcés d'adopter. La concordance est de toute évidence, inutile d'insister.

St Grégoire, pape, déjà cité plusieurs fois ici, est très explicite au sujet de cette division. C'est dans son homélie touchant l'Evangile que nous trouvons dans notre paroissien au dimanche de la Septuagésime. Il s'exprime ainsi :

« Parce que du commencement du monde à la fin, il ne cesse pas d'en« voyer des apôtres pour l'instruction du peuple fidèle. Car le matin fut « depuis Adam jusqu'à Noé ; la troisième heure, depuis Noé jusqu'à « Abraham ; la sixième heure, d'Abraham à Moïse ; la neuvième, de Moïse « jusqu'à la venue du Seigneur ; la onzième heure enfin, de la venue du « Seigneur à la fin du monde. »

Ceci pour dire que nous voilà bien à la dernière période, à l'ultième heure de l'existence du monde. Comment que nous prenions les textes, quels que soient les auteurs invoqués, tous concluent : *c'est la fin du monde.*

Voici les noms de quelques autres partisans de la fin prochaine du monde qui vont jusqu'à fixer une date à la catastrophe finale :

Arnaud de Villeneuve avait prédit la fin pour 1395 ; Jean Hilten, un Allemand, pour 1651 ; Wistons, un Anglais, pour 1715. D'après un autre pronostic, la date dernière était le 16 juillet 1816 ; d'après M. de Krudener c'était pour 1819 ; d'après M. de Libenstein pour 1823 ; M. de Montfort l'annonçait pour 1826 et d'autres pour le 6 janvier 1840. Rudolf Falb, on s'en souvient, l'avait prédite pour le 11 novembre, 1899 à 3 h. ; pour 1899 aussi, le frère Philippe Olivarius de l'abbaye de Citeaux. Le pasteur Baxter, théologien érudit et fort écouté à Berlin, prédit d'une façon formelle la fin du monde pour le 23 avril 1908. D'après le secret de la Salette, ce serait pour 1924 ;

d'après l'abbé Moëlo d'Arzano, ce serait en 2004; Piazzi Smith l'annonce, comme moi, pour 1921; enfin un autre savant dont le nom m'échappe avait trouvé dans ses calculs le chiffre 3276. Signalons aussi les prédictions de Brück, l'augure sybillin belge dont on n'a pas oublié les oracles réalisés et enfin l'opinion du pape Pie X dont nous rapportons les paroles formelles à la fin de ce livre.

Bien d'autres savants ont aussi conclu à la fin très, très prochaine de notre globe, quelques-uns sans pourtant donner de dates fixes.

Nous en avons nommé déjà un certain nombre. Rappelons encore la tradition judaïque qui désigne indirectement la date fatale. « *La Maison d'Élie*, dit le Talmud, *enseigne que le monde durera 6000 ans*.

En cela la croyance des Juifs est d'accord avec la légende catholique datant du berceau même de l'Eglise. St Barnabé, apôtre, s'exprimait déjà clairement à cet égard. Commentant, en effet, dans son épître catholique, cette parole de Moïse : Il acheva le monde en six jours, il ajoute cette explication sans réplique : « *Cette parole signifie*
« *que la durée du monde ne doit être que de 6000 ans et que c'est*
« *là le terme que Dieu a marqué à tous ses ouvrages : car mille ans*
« *sont comme un seul jour devant lui, et lui-même l'annonce en*
« *disant* : le jour d'aujourd'hui est comme mille ans devant mes yeux (Psal. 89).

Cette supputation de 6000 ans pour la durée du monde était donc, déjà, un sentiment presque général à la naissance du christianisme. Un peu plus tard, *St Irénée* dit clairement (lib. V adv, hær. c. 28) que le monde ne doit subsister que 6000 ans; et ailleurs : « Autant il y a de jours de la Création, dit-il, autant le monde aura de millénaires pour sa durée. »

St Justin, martyr et apologiste, dit : « Selon plusieurs endroits de l'Ecriture, on peut conjecturer que ceux-là disent vrai qui prétendent que la durée de l'état présent sera de 6000 ans.

A ces témoignages, on peut ajouter ceux de St Cyprien, St Jérôme, St Ambroise, St Augustin, Lactance, Bellarmin, Suarez, etc., etc.

Le Maître de Sacy dit dans son Histoire des quatre Evangélistes : « Comme une semaine est une révolution de sept jours, ainsi l'espace de tous les siècles a été divisé en sept âges dont le dernier est le triomphe. Le huitième est l'éternité.

Toujours donc et partout 6000 ans.

Oh ! je sais bien que même ces saints et ces docteurs peuvent se tromper ; l'abbé Soullier est largement, lui, de cet avis. « Il n'y a « guère là, dit le docte abbé, de quoi lui (à cette opinion) donner du crédit. » Vraiment, lecteur, cela est, en effet, fort peu de chose, n'est-ce pas ? Les saints ! les docteurs !! les philosophes !!! la Tradition !!!!...

Mais, M. l'abbé, s'ils sont faillibles, eux, malgré les lumières, je ne dis pas de leur foi, mais de leur génie et de leur science, dites-moi, je vous prie, ce qu'il faut que je pense de l'opinion de mes contradicteurs, je veux dire : de leurs contradicteurs ?

Quoi qu'il en soit cependant, et dans le cas où cela pourrait faire plaisir autour de moi, je me hâte de dire que toutes ces lumières supplémentaires ajoutent peu à la force de mon raisonnement et à la valeur de ma conclusion. Je n'ai, en effet, aucun besoin de témoignages nouveaux. Si Esdras, si l'Apocalypse, en un mot, si le Christ n'est pas accepté, que viendraient faire à la rescousse les satellites cités plus haut? Nous avons le soleil pour nous éclairer, que voulez-vous de plus? que pouvez-vous vouloir de plus?...

Et maintenant il nous plait de citer encore quelques témoignages, ceci, non pour ajouter à la force de notre argumentation, mais à simple titre de documents intéressants.

Et d'abord notre monde comparé, dans l'Ecriture, à l'un de nous. C'est un personnage qui a, comme vous et moi, sa jeunesse, son âge mur et sa vieillesse. Esdras dit quelque part : *le siècle a perdu sa jeunesse et voilà qu'il commence à vieillir.* En effet, 2000 ans de jeunesse, 2000 ans d'âge mur, 2000 ans de vieillesse. Esdras parlait en 3500 de la création. Le monde avait à cette époque perdu sa jeunesse depuis 1500 ans et encore 500 ans et il entrait dans sa vieillesse. C'est bien exact.

Ailleurs, parlant de la venue du Christ, l'Eglise, dans deux au moins de ses hymnes, s'exprime ainsi : je traduis le texte latin.

Le Verbe quittant le ciel sans laisser la droite de son Père, vint, *au soir de la vie,* pour l'accomplissement de son œuvre, sur la terre. (Hymne du jour de la Fête-Dieu).

Le Verbe quittant le ciel et s'élançant du sein de son père, vint, *le cours du temps finissant,* sauver le monde par sa naissance. (Hymne du 1er dimanche de l'avent).

Saint Grégoire, pape, dans une de ses nombreuses homélies annonce les malheurs qui vont arriver au monde vieillissant.

Avec nos chiffres, on le voit, toutes ces expressions deviennent excessivement justes : le matin de la vie du monde a duré 2000 ans, le jour proprement dit, le midi, 2000 ans et le soir durera ses 2000 ans, environ. Or J.-C. est venu l'an 4000 de la création ; c'est-à-dire juste à la première heure de cette soirée dont nous voyons les derniers instants : *venit ad vitæ vesperam.*

Autre part, Saint Léon, pape vers 348, dans son homélie du 4e dimanche de l'avent, dit au sujet du dernier jour : *etiamsi occultus tamen vicinus,* littéralement : quoique caché *mais cependant voisin.* Or si, à cette époque, 348 de J.-C., la fin du monde était proche, que dirons-nous donc aujourd'hui?

Ici je n'ajoute plus rien, d'abord parce que je n'en sais plus, laissant à d'autres plus savants le soin de compléter le nombre de ces citations, et puis parce que j'estime que, comme je l'ai toujours dit, pour prouver ma thèse j'en ai trop dit pour quiconque est bien disposé, tandis que je n'en dirai jamais assez pour qui est de parti-pris, arriverais-je même à farcir de nouvelles preuves cent brochures comme celle-ci.

Je me borne donc : c'est pourquoi avant de faire parler les événements je ne m'attarderai pas à faire intervenir davantage les hommes qui tous, dans toutes les catégories, à toutes les époques ont écrit en faveur de ma conclusion. Je ne citerai ni Ste Hildegarde, remarquable par ses écrits sur la fin du monde, ni Holzhauzer qui place la fin du monde en 1911, ni Nostradamus, ni Orval, déjà cité, et dont mes lecteurs ont certainement entendu parler, ni même St Malachie avec sa célèbre, très célèbre prophétie des Papes. Je dis: célèbre, et il y a bien de quoi, car elle est vraiment suggestive cette page qui nous apparait aujourd'hui d'une incomparable clarté. Jugez-en, car j'y réfléchis, vous m'en voudriez de n'en pas parler.

S¹ Malachie écrivait en 1140 environ, et, dans certain ouvrage, il a donné, à mots couverts, mais faciles à expliquer aujourd'hui, après les événements, la série des papes parfaitement désignés jusqu'à la fin du monde. Or, de S¹ Pierre à Léon XIII mort en 1903, il s'est écoulé 1870 ans que se sont partagés les 258 papes précédents, ce qui donne pour chacun d'eux un règne moyen de 7 ans, 2 mois, 29 jours. Or, il reste encore 10 papes, toujours d'après St Malachie qui, s'étant toujours montré exact jusqu'ici, ne peut que mériter notre entière croyance jusqu'à la fin. On peut donc, sans hésiter, attribuer à chacun des 10 papes futurs la moyenne donnée plus haut. En effet, une moyenne de vie établie sur 258 personnages risque d'être rigoureusement vraie à l'endroit des 10 qui restent à régner. Or, 7 ans, 2 mois et 29 jours répétés 10 fois donnent 72 ans, 5 mois et 20 jours. Or 1870 + 72 = 1942 ans auxquels il faut, pour être juste, ajouter les 33 ans de la vie de J.-C., soit donc 1975 ans, desquels on est en droit de retrancher, comme le fait la Tour de Noé, les 25 ans supplémentaires du règne extraordinaire de Pie IX et les 18 du règne de Léon XIII, ce qui ramène notre date au chiffre de 1932, se rapprochant tout à fait du chiffre 1921.

Quel accord dans toutes nos dates! (car à 10 ans près la concordance n'en subsiste pas moins frappante, on me l'accordera).

Mais voici une objection détruite déjà vingt fois, sans doute, mais que je veux formuler à nouveau, pour y répondre. Puisque tout leur *arrivait en figure*, comment se fait-il, me dites-vous, que le monde chrétien ne vive que 2.000 ans, quand le peuple juif a vécu 4.000 ans !...

Voici la réponse, excessivement simple. Et d'abord, remarquons que ce nombre 2.000 est juste la moitié du nombre d'années avant Jésus-Christ. Il va se justifier tout à l'heure, dans la suite des événements.

Notre histoire est égale en durée à la moitié de la durée de l'histoire jusqu'à Jésus-Christ.

La réalité ne dure que la moitié de la figure?

Vous l'avez dit, et l'Evangile va nous l'expliquer.

Ces jours, nous dit le Christ, *ont été abrégés pour vous*. Il ne dit pas : seront abrégés ; non, ils ont été abrégés au moment où il parle c'est une chose faite, accomplie. Or cette abréviation pour être digne d'être citée ainsi solennellement devait être importante, sans quoi il n'en eut pas valu la peine. C'est pourquoi je la porte justement à la moitié, non par caprice, hasard ou calcul, mais après une étude approfondie des événements comme je l'ai dit et comme chacun peut le constater.

Donc le principe de cette abréviation est indiscutable. Il porte sur un chiffre diminué de moitié, c'est encore naturel et les événements eux-mêmes se chargent de démontrer l'excellence de l'opération. On verra dans le tableau suivant avec quelle facilité les faits se renvoient les uns aux autres cette date mystérieuse et avec une fréquence d'autant plus remarquable que la masse l'a peut-être moins remarquée. Nous tâcherons de ne pas les laisser passer inaperçues. Ces coïncidences, en effet, sont aussi précieuses à rencontrer que concluantes à retenir. Elles nous frappent.

De plus, au besoin, j'ai encore aussi bien à répondre, sinon mieux : c'est que l'histoire du peuple juif ne part, en réalité que de l'époque de la vocation d'Abraham. Or, d'après notre chronologie, c'est en 1921 exactement qu'est placé cet événement capital. On retrouvera la réalité de cette figure dans le grand tableau de la fin et on verra combien l'événement et sa date sont précisément instructifs et concluants. Abraham appelé en 1921 pour constituer le peuple de Dieu, appelé à posséder la terre promise que ses ancêtres avaient habitée depuis Adam, il se pourrait bien qu'en 1921, Dieu appelât l'humanité son nouveau peuple choisi, non plus pour le conduire, mais pour le placer définitivement dans la véritable terre promise, qui est le séjour de l'éternité, où nos morts nous ont déjà précédés.

Mais n'anticipons pas sur la partie instructive du tableau qui suit. Ce petit coin de voile que je viens de soulever, donne déjà, un peu, la clef de mon raisonnement et permet de l'entrevoir aussi intéressant que curieux et concluant.

Enfin, j'ai cité plusieurs fois Bossuet, nous allons l'écouter encore avant de donner la parole aux événements sur lesquels, du reste, l'aigle de Meaux nous apportera souvent son jugement.

Bossuet dit quelque part :

« *Le peuple hébreu a joué dans sa partie latente et intime à peu près le même rôle que joue le cœur dans l'organisation de l'homme. Personne ne le voit et c'est cependant là qu'est la source de la vie qui se manifeste avec bien plus d'éclat dans les membres qui agissent au dehors.*

C'est-à-dire que le peuple hébreu a joué, dans sa vie privée de peuple, le premier rôle. Son histoire a été comme une répétition générale du grand drame humain que nous continuons depuis son effacement. C'est lui, quoique disparu, c'est sa vie, ce sont ses mêmes actes ou ses actes mêmes que nous reproduisons, que nous manifestons, mais avec beaucoup plus d'éclat parce que nous agissons au dehors, c'est-à-dire, non comme un peuple privé, borné, étroitement limité au milieu des autres peuples, mais comme le peuple véritable dont l'influence ne connaît pas de limites. Le chrétien, aujourd'hui comme le Juif, autrefois, est la vie de l'humanité, sans le paraître et peut-être sans qu'on le veuille : personne ne voit le cœur. Le peuple chrétien, continuateur du peuple juif, est toujours le pivot de la vie et cette vie se manifeste depuis 1900 ans avec beaucoup plus d'éclat et d'ampleur parce que la mission de l'un est infiniment plus vaste que celle de l'autre, tout en étant, au fond, la même à travers les siècles. C'est en raison de l'identité même de cette mission à accomplir que se retrouve l'identité des moyens comme des péripéties inhérents à cet accomplissement. Parti de la même origine ne faut-il pas atteindre le même but ? Voilà *la figure* et voilà *la réalité*.

J'explique maintenant la division du tableau suivant : *harmonie des chiffres*, qui est toute simple. Deux colonnes : à gauche, les dates anciennes par ordre chronologique, le plus possible, et en regard, à droite, la date correspondante de notre histoire. Inutile de dire que je cite fort peu de chiffres exclusivement religieux : je m'attache surtout aux faits politiques et civils, en un mot aux seuls grands événements de l'histoire ne pouvant à aucun point de vue être récusés par mon lecteur pour quel motif que ce soit.

PREMIER TABLEAU

Harmonie de quelques Chiffres

Les 6 jours de la Création durent 6000 ans (V. p. 25 et suiv.).

— Les 6 âges du monde durent aussi 6000 ans (4000 ans av. J.-C. à 2000 ap. J.-C.)

— 2347. Les 40 jours et les 40 nuits, durée du déluge sont

— Les 40 jours et les 40 nuits que durera le cataclysme final depuis l'obscurcissement du soleil et la disparition des étoiles jusqu'à la disparition définitive des êtres créés.

2348. Ce n'est qu'après un an complet que Noé sort de l'arche et reconnait la terre.

— Ceci n'arrivera qu'après un certain laps de temps laissé aux humains pour se reconnaitre.

70 ans avant le déluge Noé se met à la construction de l'arche. Le déluge n'a lieu qu'après ces 70 ans.

— 70 ans après la construction de l'arche nouvelle du salut, le S. C. de Paris, dernier refuge de ceux qui espèrent en une autre vie, aura lieu la fin du monde. 1873+70=1943.

La construction de l'arche a duré 70 ans.

La construction du S.-C. dure déjà depuis trente années.

2247. La Tour de Babel élevée tout juste 100 ans après le déluge, à Babylone, dans la plaine de Sennaar.

— La Tour Eiffel aura été construite 100 ans avant la fin du monde, dernier déluge, soit 1887+100=1987.

Cette tour fut élevée par les

— Elle fut élevée pour témoi-

hommes, non pas tant pour éviter un nouveau déluge auquel ils ne croyaient pas, que pour montrer leur orgueil et leur puissance.

2187. Fondation de Jérusalem 60 ans après la Tour de Babel.

— Jérusalem a eu deux fondateurs : Jébus et Salé, petit-fils de Sem.

— Jérusalem était bâtie sur sept collines.

— 1921. *Vocation d'Abraham. Dieu appelle à lui le futur chef de son peuple choisi pour habiter une terre qu'il lui a préparée et qu'il lui montrera.*

1897. Ruine de Sodome, 24 ans après l'appel d'Abraham.

— Les Israélites restent 400 ans en Egypte, c'est-à-dire loin de leur véritable patrie qu'ils avaient quittée, avec Jacob, à cause de la famine.

— Les 10 plaies d'Egypte punirent terriblement les persécuteurs des Israélites qui, malgré tout, et grâce à ces fléaux, reconquirent leur liberté. Il était visible que leur Dieu les protégeait et que ce Dieu était tout puissant.

gner du génie et de la puissance des hommes.

— Fondation de la Jérusalem céleste ou fin du monde terrestre, 60 ans après la fondation de la tour Eiffel. 1884+60=1944.

— Rome a eu deux fondateurs : Romulus et Rémus.

— Rome fut bâtie aussi sur 7 collines, (aujourd'hui elle en a 10)

1921. — *Dieu appellera à lui l'humanité pour habiter un séjour qu'il lui a préparé et que le Christ est venu lui montrer.*
C'est la fin de la terre pour le commencement du ciel. (Cette date est absolument merveilleuse; chacun l'aura remarqué.)

1919. Ruine de Paris, la *Sodome moderne*, quelque temps avant la fin du monde.

1917. Ainsi Luther, et avec lui les protestants qui ont quitté le sein de l'Eglise, leur patrie, resteront 400 ans avant de revenir à elle. Soit donc 1517+400=1917, date ultime de leur conversion générale au catholicisme d'où ils sont sortis.

— Les 10 persécutions contre les chrétiens firent plus de mal aux bourreaux qui furent vaincus et cruellement châtiés qu'aux chrétiens qui reconquirent par là même leur liberté. Il était visible en cela que le Dieu des chrétiens était tout puissant.

— 15 peuples furent vaincus par Israël pour entrer en Chanaan : Amalécites, Chananéens, Aradiens, Moabites, Madianites, Raphaites, Amorrhéens, Ammonites, Héthéens, Philistins, Jébuséens, Phéréziens, Gergéséens, Hévéens, Samaréens. La plupart des vaincus restèrent incorporés aux Israélites et se convertirent à leur culte et à leurs usages.

— 15 peuples furent visités par les apôtres pour entrer dans le christianisme : Indes (St Thomas), Sarmates et Scythes (St André), Haute-Asie (St Philippe), Grande Arménie (St Barthélemy), Perse (St Mathieu), Mésopotamie (Saint Siméon), Arabie (St Jude), Éthiopie (St Mathias), Macédoine, Achaïe et Italie (SSts Pierre et Paul), Asie Mineure (St Jean), Judée, Espagne (St Jacques).

— 12 hommes sont envoyés par Josué pour reconnaître le pays : ils reviennent chargés des fruits des régions qu'ils ont visitées. Ils reviennent après 40 jours d'absence, fêtés et interrogés par tout le peuple qui recueille leur récit avec enthousiasme.

— 12 hommes sont envoyés par le Christ à travers le monde pour le reconnaître et le conquérir. Ils se recueillent pendant les 40 jours qui suivent la Résurrection et après la Pentecôte ils se dispersent par toute la terre et partout ils sont écoutés avec enthousiasme et font un grand nombre de prosélytes.

— Les 40 ans de désert représentent :

— 40 ans de captivité des Papes à Rome, au Vatican, 1870 à 1910, date de la restitution du pouvoir temporel.
Ils représentent aussi les 40 ans, moyenne de la vie humaine dans le désert de cette vie.

— Les 42 stations dans le désert sont :

— Les 42 répits laissés à l'Église après les 42 schismes ou hérésies à travers les siècles.

— Partage de la Terre Promise entre les 12 tribus du peuple de Dieu.

— Partage de la Terre Promise au Christ en héritage entre les 12 apôtres.

— Les 70 vieillards choisis par Moïse pour l'aider dans le gouvernement du peuple de Dieu représentent :

— Les 70 cardinaux choisis par le Pape, chef du peuple de Dieu, pour l'aider dans le gouvernement de ce peuple.

— Les 4 grands prophètes qui prédirent la vie de J.-C. sont :

— Les 4 évangélistes qui racontèrent la vie de J.-C.

— Les 12 petits prophètes chargés d'annoncer au peuple le vrai Dieu, sont :

— Les 12 apôtres chargés de faire connaître au Monde le vrai Dieu, J.-C.

— Les 70 ans de captivité à Babylone représentent *étonnamment,*

— Les 70 ans que les Papes passèrent à Avignon (1308-1378), sorte de captivité de la Papauté éloignée de son siège, comme les Israélites de leur patrie.

— 1100. Jérusalem est créée cité royale et durera jusqu'en 70 ap. J.-C. soit 1170 ans : ainsi,

— Rome, la Jérusalem nouvelle, devra vivre, en tant que cité papale, autant que Jérusalem, cité royale. Or, elle n'a commencé en réalité qu'avec le pouvoir temporel en 753. Elle durera donc de 753 + 1170 soit jusqu'en 1923 !

— Rome papale perdit en 1870 son pouvoir temporel qui avait duré de 753 à 1870 soit 1117 ans.

— 2600, fondation de Jérusalem d'après *l'Art de vérifier les dates.* Jérusalem a donc vécu 2670 ans.

— Rome, pour vivre ce même laps de temps, doit donc aller jusqu'en 1917, puisque 753+1917= juste 2670 (*très curieux*).

— 753 avant J.-C., fondation de Rome.

— 753 ap. J.-C. fondation de Rome en tant que pouvoir temporel (*très curieux.*)

— 1921. Appel d'Abraham. Le peuple de Dieu a donc duré depuis 1921 jusqu'en 33 ap. J.-C. soit 1954 ans.

— Ainsi le nouveau peuple de Dieu devra durer le même laps de temps, soit 1954 ans, moins les 33 ans de la vie de J.-C., soit 1921 ! (*très curieux*).

— Le peuple de Dieu a compté : 26 patriarches, 15 juges et 93 grands-prêtres, soit un total de 134 chefs (1).

— Le peuple chrétien compte jusqu'ici 258 papes ou chefs : il doit y en avoir encore 10 selon St Malachie (v. p. 33), soit 268, juste 134 multipliés par 2.

— Depuis Aaron il y a eu 63 grands-prêtres. Avec les 26 patriarches cela fait un total de 89 chefs.

— Ainsi ce nombre de 89 multiplié par 3 mois donne encore 267.

— 70. Prise et fin de Jérusalem par Titus.

— 1870. Prise et fin de Rome temporelle.

(1) On nous dispensera de donner ici cette trop longue nomenclature.

— Pendant 40 ans après la mort de J.-C. soit jusqu'en 70 les Juifs furent en butte à toutes les calamités, à tous les désordres, à tous les malheurs et finalement tombèrent avec leur patrie qui ne s'est jamais relevée. Depuis, dispersés et ruinés, ils vivent à travers les peuples auxquels ils se mêlent toujours sans se confondre jamais. Et il en sera ainsi jusqu'à ce qu'ils reconnaissent enfin ce Messie qu'ils attendent et qu'ils n'ont pas voulu voir en la personne de J.-C. Verbe de Dieu, fait homme pour sauver l'humanité.

— Ainsi pendant la moitié de ces 40 ans (car ces jours ont été abrégés) avant la ruine définitive du monde, c'est-à-dire pendant 20 ans, le monde sera en proie aux calamités, aux guerres, aux pestes, aux tremblements de terre, à la famine, etc. Ces paroles du Christ ne passeront pas. Finalement les peuples tomberont, les patries disparaîtront, rien ne subsistera de ce qui est aujourd'hui, à l'heure où le monde entier rappelé à Dieu reconnaîtra unanimement sa souveraineté qu'il n'aura que trop niée en méconnaissant la personne de J.-C., Verbe de Dieu fait homme pour sauver l'humanité.

Je m'arrête ici dans la citation de ces chiffres que je n'ai donnés que pour montrer l'harmonie qui existe réellement entre tous. Le lecteur suppléera de lui-même aux lacunes de ce premier tableau dont quelques passages vont se retrouver forcément dans le second qui va suivre. Ce sera pour moi une manière plus aisée d'insister, sans en avoir trop l'air, sur les faits et les dates qui me semblent les plus importants en faveur de ma conclusion.

En tout cas et comme résumé de ces dernières citations et de celles qui vont suivre, voici les chiffres que nous avons trouvés : 1395, 1651, 1715, 1816, 1819, 1823, 1826, 1840, 1899, 1899, 1908, 1924, 2004, *1921*, 1000, 1040, 3277, 3484, 2000, 1943, 1984, 1944, *1921*, 1916, 1947, 1910, 1917, *1921*, 1930, 1930, 1923, 1893, 1930, 1948, 1984, 1944, 1933, *1921*, *1921*, 1916, *1921*, 1947, *1921*, 1919.

Le total de ces dates au nombre de 44, parmi lesquelles celle de 1921 revient officiellement 7 fois (le nombre 7 !) égale 84.525, dont le total fait 24, et dont la moyenne est exactement 1921, dont le total fait 13 !

Passons maintenant au second tableau qui renferme forcément un certain nombre de répétitions. Le lecteur comprendra aisément l'àpropos de ces redites obligatoires.

§ 4°

Harmonie des Événements

La division en 6 âges. — Une jolie comparaison. — La disposition de notre tableau. — Le langage de l'Histoire. — Figure et réalité.

Passons au second tableau beaucoup plus important et d'autant plus curieux. Les événements, ici, sont groupés par ordre chronologique et suivant la division en 6 âges que Bossuet qualifie de *célèbre* et qu'il déclare *mériter nos hommages*. On y verra des concordances véritablement surprenantes. Tout est parfait, selon nous, dans cet ensemble ; la seule chose imparfaite c'est notre intelligence incapable de tout comprendre.

Mais nous le répétons encore : par le peu que nous dévoilons, nous en pousserons d'autres, plus perspicaces, à mieux voir et à mieux parler. Ce que nous décrivons ici c'est pour ainsi dire la partie visible du grand drame renouvelé de la vie humaine : d'autres découvriront l'invisible, du moins autant que cela se peut faire car, vous le savez, il y a un ciel au-delà duquel l'œil de l'homme ne saurait voir.

Au travail donc, amis, chercheurs de la vérité.

Je ne crains pas de vous voir à l'œuvre, car si vous y apportez plus de science, plus d'intuition, ce qui ne sera pas difficile et ce dont je ne saurais être jaloux, vous n'y apporterez pas plus de certitude.

Ma date de 1921 n'est que trop certaine.

Encore un mot.

Le tableau que je vous offre contient la comparaison des événements anciens avec les nouveaux faits de l'histoire : (au total 162 faits anciens et 160 nouveaux), il réalise les DEUX PAGES dont parle l'auteur de la préface du *Discours sur l'Histoire Universelle*. Il s'agit ici, simplement, non pas que les faits de l'histoire juive se reproduisent, chez nous, dans le même ordre chronologique, inverse ou non, *mais seulement qu'ils se reproduisent*. C'est une série de faits qu'il s'agit d'épuiser, n'importe quand, n'importe où. Ainsi ce qui s'est passé, chez eux, au début, pourra se réaliser, chez nous, qu'à la fin des temps, ou *vice versâ*, cela ne fait rien, il s'agit seulement que ces faits se reproduisent et c'est tout. Il faut donc qu'après avoir parcouru attentivement ce tableau, le livre tombant de vos mains, vous puissiez dire, comme je l'ai dit moi-même, cette parole très à propos du Christ mourant : *Consummatum est*. Tout est consommé, c'est-à-dire tout est bien réalisé, l'image est fidèlement rendue. ILS ÉTAIENT LA FIGURE, NOUS AVONS BIEN ÉTÉ LA RÉALITÉ. Ensuite s'imposera forcément ma conclusion : *la fin*. L'ouvrage étant terminé, l'ouvrier n'a plus sa raison d'être. L'humanité a terminé sa mission : le ciel de Dieu est repeuplé.

Passons à notre division.

Notre histoire est divisée en 6 âges comme l'histoire ancienne et comme l'histoire de la Création. Avant tout autre détail, nous donnons les rapports généraux que ces âges ont entre eux. On trouvera dans ces rapprochements des choses au moins étranges.

Ensuite, nous prenons les événements tels qu'ils se présentent et nous faisons les rapprochements.

Mais redisons bien encore que, pour nous, la date de **1921**, **appel d'Abraham**, nous a seule déterminé à fixer l'appel définitif du monde, c'est-à-dire *sa fin*. Que la moyenne de toutes les autres dates choisies par des savants, ou données par les événements, arrive à faire 1921, c'est une simple coïncidence, une concordance qui corrobore une fois de plus l'excellence de notre choix.

Ceci dit, voici l'origine de la disposition du tableau qui suit :

L'auteur de la Préface du *Discours sur l'Histoire Universelle* dit (p. XIV) en parlant de Bossuet :

« *Tout le mystère de nos destinées s'est dévoilé devant ses regards à la lumière de la Bible et de l'Evangile. L'humanité a été devant lui comme un livre ouvert qui n'a que deux pages, la première au-delà, la seconde en deçà de la croix.* »

Eh bien ! voilà notre disposition tout indiquée et nous l'employons sans même avoir le mérite de l'avoir trouvée.

A gauche du lecteur les événements anciens, l'au-delà de la Croix, *la figure*;

Au milieu, la Croix (ou même rien si elle vous gêne);

A droite, les événements chrétiens, l'en deçà de la Croix, *la réalité*.

Voici ce magnifique et éloquent tableau.

AVANT TOUTES CHOSES
Au Ciel

DIEU, ROI ÉTERNEL !...

— Création des Anges, bons et mauvais.

— Révolte des mauvais anges qui refusent d'obéir et veulent s'égaler à Dieu : « *Non serviam* ».

— Combat dans le Ciel auquel prend part St Michel, l'archange et le prince des milices célestes.

— Après ce combat, Lucifer précipité à jamais. Triomphe des bons anges et des droits de Dieu.

— La place du plus beau des anges est vacante.

Le Règne éternel de Dieu continue

La Vie de J.-C. figurant la Vie de l'Église

— Une étoile plus brillante annonce au monde et aux rois mages la naissance du Christ-Sauveur.

— Jésus naissant fuit en Egypte et se cache jusqu'à la mort d'Hérode.

— Après la mort d'Hérode, Jésus reparait à Nazareth et y vit sans bruit, faisant le bien et soumis à la Sainte Vierge et à Saint Joseph.

— A 12 ans, c'est-à-dire à la fin environ du premier tiers de sa vie mortelle, Jésus est trouvé dans le temple enseignant les docteurs et les étonnant par la sagesse de ses réponses.

— A 30 ans, commencement de la vie publique du Christ, vie pénible de prédication, de lutte et de triomphe. La vie publique de Jésus dure juste la 11ᵉ partie de sa vie totale : 3 ans sur 33 ans.

— Après 3 ans de prédication, le Christ est trahi, livré, condamné, ses apôtres sont dispersés et il meurt, en tant qu'homme. Son corps reste 3 jours au tombeau et enfin il ressuscite alors qu'on croyait, et ses disciples eux-mêmes, que tout était fini.

N.-B. — Je fais encore remarquer, mais une fois pour toutes, que je ne prends ici que les faits que j'appellerai matériels par opposition aux analogies mystiques que j'abandonne complètement, et pour cause.

APRÈS TOUTES CHOSES
Sur la Terre

DIEU, ROI ÉTERNEL !...

— Classement définitif des élus : *Benedicti — maledicti.*
— Révolte des mauvais chrétiens et des ennemis de Dieu qui veulent détruire son nom : *ni Dieu, ni Maître.*
— Grand combat sur la terre auquel prennent part Enoch et Elie gardés par Dieu pour cette suprême lutte.
— Après ce combat, l'Antéchrist vaincu et le démon terrassé à jamais. Triomphe des chrétiens et de la loi de Dieu.
— St Jean-Baptiste prendra la place de Lucifer.

Le Règne éternel de Dieu continue

La Vie de J.-C. figurant la Vie de l'Église

— Les étoiles, le soleil, la lune, troublés et obscurcis, annoncent la venue du Christ, Juge des vivants et des morts.
— L'Église naissante fuit et se cache dans les catacombes jusqu'à la mort des persécuteurs.
— Après la mort des persécuteurs, l'Église reparaît à Rome et partout, faisant le bien et soumettant à l'Evangile des foules de fidèles dans le monde entier.
— C'est, en effet, vers la fin du premier tiers de son existence, vers 630, que la Religion chrétienne s'érige partout des temples où les successeurs des apôtres enseignent aux savants comme aux ignorants, les dogmes chrétiens dont la profonde sagesse étonne et rallie de tous côtés des masses nouvelles de fidèles.
— Ainsi, pendant le dernier 11e de sa vie dans le monde, soit de 1750 à 1921, l'Église prêche plus que jamais l'Evangile dans tout le monde; plus que jamais aussi elle lutte et souffre : 171 ans sur 1888.
— Après ces cent trente-deux années (44×3) de prédication et de lutte, l'Église sera trahie, livrée au pouvoir de ses ennemis; ses enfants (religieux et religieuses de tous ordres) seront chassés et elle semblera finie en tant que société humaine. Mais cet état durera peu, et au moment où chacun se demandera : qu'est-il advenu de l'Église, elle reparaîtra plus glorieuse que jamais.

PREMIÈRE PÉRIODE

Premier Jour, Premier Age de la Création

De la Création au Déluge, 1656 ans
23 Octobre 4000 au 8 Décembre 2344

— Au commencement Dieu créa le ciel et la terre. La terre était informe et nue et des ténèbres couvraient la surface de l'abime, et l'esprit de Dieu était porté sur les eaux.

Dieu dit : que la lumière soit faite, et la lumière fut faite.

Et Dieu vit que la lumière était bonne, et il sépara la lumière des ténèbres.

Il appela la lumière : *Jour*, et les ténèbres : *Nuit*.

Et d'un soir et d'un matin se fit un jour unique (premier).

Création d'Adam et d'Eve qui perdront l'humanité par leur faute.

4.000. Chute d'Adam et d'Eve. Fin du paradis terrestre. Commencement des misères et de la mort pour tous les êtres créés, jusqu'à la fin du monde.

Omnes in Adamo perditi.

3870. — Caïn, par jalousie, tue son frère Abel. Punition du premier fratricide pour toute la durée de sa vie.

3074. — Mort du premier homme à l'âge de 930 ans, soit après avoir vécu une période presque entière, depuis la création.

3017. — Transfert au ciel d'Enoch âgé de 365 ans, à l'insu de tout le monde. Il est réservé par Dieu pour les combats définitifs de la fin du monde.

PREMIÈRE PÉRIODE

Premier Age de l'Église

De la Naissance de J.-C. aux Persécutions
1-64

— C'est l'image du premier âge de l'Eglise, car c'est dans cet âge que vint définitivement J.-C. vraie lumière illuminant le monde dans lequel il n'y avait plus que ténèbres, dit Bossuet.

— J.-C. a divisé la lumière de la foi, de l'ombre et des ténèbres de la synagogue, dit Holzhauser, et des erreurs du paganisme.

— J.-C. dit le même jour, aux apôtres : soyez la lumière ; allez, dissipez et séparez les ténèbres de l'erreur, de la lumière de la foi. Et la lumière a été faite : tous les peuples ont reçu l'enseignement des apôtres qui se partagèrent immédiatement le monde. Le peuple qui marchait dans les ténèbres, dit S¹ Matthieu, a vu une grande lumière.

Mais les extrêmes se touchent.

— Ce premier âge est aussi l'image du dernier âge de l'Eglise, car c'est alors que viendra définitivement le Christ, vraie lumière. Il séparera alors les hommes de foi des hommes de la synagogue et du paganisme. *Venite benedicti.—Ite maledicti.* Commencement du ciel, séjour de la vraie lumière et fin des choses terrestres.

Naissance de J.-C., sauveur (Quod cecidit in Adam primo, erigitur in secundo. St Léon pape, homélie p. le 4ᵐᵉ dim. de l'Avent).

— Les péchés des hommes déterminent Dieu à prononcer leur chute définitive. Ils seront en conséquence chassés de la terre qui disparaîtra comme le premier paradis terrestre dont on ignore même l'emplacement.

Omnes in Christo salvati.

Les grandes tribulations de la fin seront le commencement du triomphe définitif.

1930. — Persécution des chrétiens par l'Antéchrist un de leurs frères : dernière persécution. Punition, par l'éternité, des persécuteurs fratricides en vertu du jugement dernier. Meurtre du dernier pape en **1930**, (3870 divisé par 2). et

1930. — Mort du dernier homme, soit fin du monde et de l'humanité, en l'an **1930** ap. J.-C. Une période entière ajoutée à l'âge d'Adam, 1000+930.

— Retour d'Enoch sur la terre, pendant 3 fois 365 jours, afin de combattre l'Antéchrist, dernier persécuteur du Christ. Alors reproduction probable des plaies d'Egypte, eaux changées en sang, ténèbres, etc., (Ap. XI) dont il aura le pouvoir. Après sa mort, son corps restera exposé trois jours sur la place de la grande cité, comme le corps du Christ au tombeau. Après quoi il sera enlevé au ciel à la vue, cette fois, de ses ennemis vaincus.

— Elie sera le précurseur de la seconde venue du Christ sur la terre : le précurseur du Grand Juge, dit S' Léon, pape, comme

2448. — Dieu avertit Noé de construire une arche, 100 ans environ avant le déluge, afin d'y recevoir tous ceux qui voudraient être sauvés. Noé se met à l'ouvrage. Ses contemporains se moquent de lui. Les ouvriers, qu'il paye en troupeaux, le tournent aussi en ridicule. Tous rient de lui et de son œuvre. Ses parents eux-mêmes s'éloignent et l'abandonnent.

2348. — Dieu avertit Noé de se préparer à rentrer dans l'arche le 1er décembre de cette année (l'arche figure toujours l'Eglise). Il y rentre le 8 décembre 2348, de la Création, 1656 ans après la Création, Il était âgé de 600 ans.
Or avant le déluge, dit l'Ecriture, les hommes mangeaient et buvaient, se mariaient (s'amusaient) jusqu'au jour où Noé entra dans l'arche. Et ils ne comprirent ni ne connurent rien jusqu'à ce que vint le déluge qui les engloutit tous. (Matt. XXIV. 17).

— Corruption des hommes, cause du déluge, 100 ans avant la catastrophe.

St Jean a été le précurseur de la première venue du Christ, le précurseur du Rédempteur.

— Dieu avertit l'humanité de mille manières de se préparer pour la fin qui est proche. Des sanctuaires privilégiés et à miracles s'élèvent partout, depuis 100 ans surtout, pour recevoir les âmes qui veulent être sauvées. Or, on se moque aujourd'hui des prédictions et des apparitions divines : on rit de ceux qui y croient. Même parmi les privilégiés du Christ combien peu pensent au salut de leur âme, préférant les affaires et les distractions de ce monde aux nécessités de l'autre. C'est le Christ qui le dit, et c'est là le signe de la fin :

Sicut fuit in diebus Noe, ita, etc...

— Le 8 décembre, jour où l'Eglise célèbre la fête de l'Immaculée Conception, est bien, l'on peut dire, le jour de l'entrée au monde du Christ sauveur par la préparation immédiate de Celle qui devait Lui donner le jour.

C'est, très probablement, un 8 décembre que l'humanité entrera dans l'arche dernière qui lui assurera son salut éternel. En attendant, aujourd'hui, comme au temps de Noé, à la veille du déluge, fin du monde vivant d'alors, les gens boivent, mangent et s'amusent et ils ne comprendront ni ne connaitront rien jusqu'à ce qu'arrive le cataclysme qui les emportera tous. (Matthieu XXIV — 37, 38, 39).

— Révolutions françaises 1793. 1830. 1828 (1) et corruption générale des hommes qui s'affranchissent en masse de l'Evangile.

(La moyenne de ces 3 dates augmentées chacune de 100 ans = 1923).

DEUXIÈME PÉRIODE

Deuxième Jour, Deuxième Age de la Création
Du Déluge à la Vocation d'Abraham, 423 ans — 2344 à 1921

Dieu dit encore : qu'un firmament soit fait au milieu des eaux, et qu'il sépare les eaux d'avec les eaux.
Et Dieu fit le firmament et il sépara les eaux qui étaient sous le firmament de celles qui étaient au-dessus.
Et il fut fait ainsi.
Or, Dieu appela le firmament : Ciel.
Et d'un soir et d'un matin fut fait le second jour.

— Les conséquences du déluge se font sentir pendant un an complet. La terre, pendant ce temps fut inhabitable. Dieu, ensuite, bénit la terre à nouveau. Mais, à dater de ce moment, les conditions de la vie sont bien changées, l'existence des hommes, en particulier, est singulièrement abrégée et la terre est encore plus mauvaise à l'homme qu'elle ne l'avait été jusque-là. Pour traduire mieux ma pensée, je dis : c'est la terre qui succède au ciel.
— Noé sort de l'arche avec toute sa famille et offre à Dieu un sacrifice d'actions de grâce.
— Postérité de Cham maudite par Noé.

2247. — A Babylone, construction de la Tour de Babel.
Les hommes, par orgueil et pour rendre leur nom immortel, (V. Bossuet. Dis. sur l'H. U., p. 141) élevèrent cette tour avant de se séparer par tout l'univers. Ceci se passait 100 ans juste après le déluge universel. A ce moment Dieu est encore plus méconnu des hommes qu'il vient pourtant d'avertir dans leur intérêt. Et ils continueront, hélas! à l'oublier et à l'outrager tous les jours davantage.
C'est la corruption des hommes et le commencement de l'idolâtrie.

2187. — Fondation de Jérusalem, 60 ans juste après la construction de la Tour de Babel. 2247 — 60 = 2187.

1996. — Naissance d'Abraham, futur chef élu du peuple de Dieu. (75 ans avant son appel).

1921. — *Vocation d'Abraham, appelé d'Ur, en Chaldée, en Mésopotamie, ancien paradis terrestre, pour habiter une terre qu'il lui montrera. C'est le premier appel. Abraham obéit.*

Cette date, la seule qui eut suffi à la rigueur, pour prouver notre démonstration, est mathématiquement exacte et absolument la même, comme il est facile de le voir. Et de plus, 1921 est la moyenne, comme je l'ai dit plus haut, entre toutes les dates recueillies dans cette étude des concordances de l'histoire.

DEUXIÈME PÉRIODE.

Deuxième Age de l'Église
Les Persécutions jusqu'au Triomphe de la Croix — 64-306

— Ce firmament représente la fermeté et la force des martyrs que Dieu plaça au milieu des tribulations qui ne purent éteindre leur charité. De même que, au second jour, le firmament fut placé au ciel, de même aussi, dans le second âge, l'Église, représentée par le ciel, fut très solidement établie par le témoignage des martyrs, témoignage qui en est le vrai fondement. L'établissement de ce témoignage fut comme l'aurore véritable d'un jour nouveau, se levant sur le monde. Le premier fut, nous l'avons vu, celui des ténèbres et de l'erreur, celui-ci est le jour de la lumière et de la foi.

— Après la grande tribulation précédant le jour final, il s'écoulera environ 1 an pour que chacun ait bien le temps de se reconnaître et de se préparer à la nouvelle bénédiction de Dieu. A partir de cet instant les conditions de la vie humaine seront complètement changées et pour tout dire en un mot, ce sera la vie spirituelle, immortelle, qui commencera, le ciel qui succèdera à la terre.

— Les chrétiens sortent des catacombes après les persécutions et offrent à Dieu le grand sacrifice d'Actions de grâce.
— Pécheurs repoussés par le Sauveur J.-C., au dernier jour.

1884. — A Paris, Babylone moderne, construction de la Tour Eiffel. Les hommes, pour montrer leur génie, élevèrent cette Tour avant la réunion de l'Univers convié à l'Exposition. Ceci se passe 100 ans avant la dernière fin. A ce moment, comme autrefois, Dieu est plus que jamais méconnu et oublié, il est plus outragé encore par son peuple choisi, qui l'honore peut-être du bout des lèvres, mais non de cœur. (1884 + 100 = 1984. Mais ces jours n'ont-ils pas été abrégés?) C'est la corruption générale et le retour au paganisme, signe certain de la fin.

1944. — Fondation de la Jérusalem céleste, c'est-à-dire fin du monde, 60 ans juste après la Tour Eiffel. 1884 + 60 = **1944**. (Et par moitié des chiffres anciens : 1884 + 30 = 1914).

1858. — Commencement des avertissements de Dieu afin de préparer l'humanité à la fin qui approche. La Vierge de Lourdes est le premier avertissement, 75 ans avant la fin, 1858 + 75 = **1933**.

1921. — *Vocation de l'Humanité appelée de la terre pour la nouvelle Terre promise, le ciel, que le Christ est venu lui montrer et lui mériter. C'est le:* VENITE MORTUI AD JUDICIUM. L'humanité obéira.

On retrouvera la date de 1921 fournie par *Saint Malachie* dans sa prophétie des Papes (v. p. 33), et dans La Tour de Noé, **La Fin du Monde en 1921**, etc.

TROISIÈME PÉRIODE

Troisième Jour, Troisième Age de la Création

De la Vocation d'Abraham à la sortie d'Égypte, 430 ans
1921-1491

— Dieu dit ensuite : que les eaux qui sont sous le ciel se rassemblent en un seul lieu et que l'aride paraisse. Et il fut fait ainsi. Et Dieu appela l'aride : Terre, et les amas d'eaux, il les appela : Mers. Et Dieu vit que cela était bon.

— Et il dit : que la terre produise les végétaux avec leur semence et le bois porte fruit, selon son espèce et que le pépin renfermé en lui soit hors de terre. Et il fut fait ainsi. Et la terre produisit des plantes pleines de sève et portant de la semence chacune selon son espèce et du bois portant du fruit et ayant de quoi se reproduire chacun selon son essence. Et Dieu vit que cela était bon.
— Et d'un soir et d'un matin fut fait le troisième jour.

1921. — Nouvel appel d'Abraham. Il quitte définitivement Charam après la mort de son père et il vient en Egypte pressé par la famine.

1897. — Ruine de Sodome, 24 ans après le départ d'Abraham. La ville scandaleuse, n'ayant pas eu 10 justes, a été dévorée par les flammes. Son emplacement est occupé, aujourd'hui, par la mer Morte ou lac Asphaltite.

1859. — Sacrifice d'Abraham sur le mont Moria (où fut enseveli Adam, le premier hômme), c'est-à-dire 62 ans après son appel.

— Histoire de Joseph vendu par ses frères, conduit en Egypte et devenu premier ministre.

1706. Jacob quitte son pays et va en Egypte où il vivra encore 17 ans.
A sa mort il n'a plus rien à souhaiter, ayant revu Joseph : « *Jam lætus moriar...* »

TROISIÈME PÉRIODE

Troisième Age de l'Église

De Constantin à Charlemagne et Léon III
306 à 800

— D'après Holzhauser, le troisième jour de la Création est considéré comme le vrai type du troisième âge de l'Église. Car de même que, dans ce jour, les eaux durent, par la volonté de Dieu, se séparer de la terre et se rassembler en un même lieu, ainsi les tribulations, dont les eaux sont souvent la figure et que l'Église eut à subir de la part des tyrans du paganisme, durent céder enfin à la puissance de Constantin le Grand qui relégua leurs auteurs dans le feu de l'enfer.

— Et de même encore qu'au troisième jour la terre produit les plantes avec leur semence, et les arbres avec des fruits, chacun selon son espèce, et un nombre infini d'autres plantes portant leur graine, tant pour l'ornement de la terre que pour l'usage et le plaisir de l'homme, ainsi, dans le troisième âge de l'Église, l'eau du baptême fit germer une herbe verdoyante (les enfants et les adultes devenus chrétiens), des arbres (les docteurs), des arbres fruitiers, les revenus assurés et libres dont le dit empereur l'enrichit.

1921. — Second et dernier appel de Dieu. Venite benedicti, Ite maledicti... L'humanité, qui a quitté la terre pour toujours, rentre définitivement, pressée par la justice de Dieu, dans le nouveau royaume (ciel ou enfer), qui lui a été préparé par Dieu.

1919. — Ruine de Paris, quelque temps avant la ruine définitive du monde. Il n'en restera pas pierre sur pierre, pas plus que de Capharnaüm, de Ninive, de Babylone ou de Sodome. Le feu doit l'égaler à la terre, dit une prophétie. La charrue passera sur son sol pour le niveler, dit une autre.

1921 (1859+62). — Sur ce même mont Moria, sacrifice de J.-C. réparant la faute d'Adam à l'endroit même où notre premier père l'a expiée par la mort. Sur ce même mont Moria, sacrifice du dernier Vicaire du Christ, de Pierre II, dernier pape, en **1921**, c'est-à-dire 1859+62. Ainsi l'Église finira là où fut son berceau.

— C'est en tout l'histoire de J.-C. vendu par les siens, fuyant en Egypte, puis mis à mort et ressuscité.

1517. Séparation des protestants.

— Ainsi le vieillard Siméon ayant vu le salut d'Israël. *Nunc dimittis*, etc.

— Après la mort de Joseph le peuple reste encore en Egypte, de sorte qu'il se passera 400 ans avant que Dieu donne à son peuple la Terre Promise, celle habitée jadis par Abraham.

— Israélites persécutés après la mort de Joseph.

1577. Ramassès, roi d'Egypte, ordonne de noyer les enfants des Israélites, à la naissance de Moïse.

1571. Naissance de Moïse, 350 ans après l'appel d'Abraham.

— Les 10 plaies d'Egypte. Les Pharaons sont vaincus, le peuple est délivré et reprend sa liberté. Dès lors il va quitter l'Egypte et commencer sa marche pénible, mais toujours victorieuse, même à travers 40 ans de désert, jusqu'à son entrée dans la Terre Promise.

— Les Israélites sortent de l'Egypte au nombre de plus de 600.000. Ils étaient arrivés 70 seulement, 400 ans auparavant.

— Passage de la mer Rouge. Les flots de la mer se séparent et font à droite et à gauche du fleuve, un véritable rempart, ce qui permet aux Israélites de passer la mer à pied sec.

— Pharaon arrivant ensuite veut passer à son tour, mais soudain les flots se rejoignent et toute l'armée est engloutie. Pas un n'est resté pour annoncer aux autres le châtiment. Ce châtiment était une claire manifestation de la protection de Dieu sur Israël.

1270. Guerre de Troie.
1080. Saül roi d'Israël.
1040. David roi d'Israël.
1001. Salomon prend la place de David.
962. Schisme d'Israël.

— Ainsi les protestants devront rester exactement 400 ans avant leur retour au catholicisme dont ils se sont séparés (1517+400=**1917**).

— Chrétiens persécutés après la mort de J.-C.

— Hérode ordonne de noyer dans leur propre sang tous les enfants de 2 ans et au-dessous, à la naissance de J.-C.

1921. Commencement du royaume éternel de J.-C. et par conséquent fin du monde (1571+350=1921) **1921** ans après la naissance de J.-C.

— Les 10 persécutions. Les Césars sont vaincus, les chrétiens sont délivrés et reprennent leur liberté. Dès lors ils quittent les Catacombes et commencent leur marche en avant, pénible mais toujours victorieuse, même à travers les désertions des leurs, jusqu'à leur entrée dans la Terre Promise.

— Ces 10 persécutions furent encore les 10 plaies qui frappèrent successivement les bourreaux et finalement l'empire lui-même qui en est mort.

— Les 10 plaies d'Egypte représentent enfin les malheurs des derniers jours et les tribulations qui fondront sur nous telles qu'il n'y en eut jamais depuis le commencement du monde.

— Les chrétiens sortent des catacombes au nombre de plusieurs milliers, remplissant déjà la ville entière, les places publiques et même le palais des Césars, quoiqu'ils ne fussent que d'hier. La réalité a, de beaucoup, ici, dépassé l'image. Et pourtant il n'y avait eu, à l'origine, que 72 disciples du Christ. Le sang des martyrs avait été une semence de chrétiens.

— Les persécutions ont fait couler des flots de sang par tout l'univers et à travers cette mer Rouge épouvantable les élus de Dieu sont passés sans être atteints ; bien mieux, protégés par leur sang qui faisait un rempart à leurs âmes contre les flots du paganisme et de l'apostasie arrêtés soudain devant eux, ils ont triomphé de tous leurs ennemis.

— Quant aux persécuteurs ils ont été engloutis dans ces flots vengeurs et leur nom exécrable n'a été conservé à la postérité que pour grandir l'héroïsme des victimes.

Leur châtiment a prouvé clairement à tous la protection de Dieu sur les chrétiens (Vid. de morte persecutorum).

QUATRIÈME PÉRIODE

Quatrième Jour, Quatrième Age de la Création

De l'Exode à la Fondation du Temple, 479 ans
1491-1012

— Dieu dit aussi : que des luminaires soient faits dans le firmament du ciel ; qu'ils séparent le jour d'avec la nuit et qu'ils servent de signes pour marquer les temps, les jours et les années.

Dieu fit donc deux grands luminaires, l'un plus grand pour présider au jour, l'autre, moins grand, pour présider à la nuit, et les étoiles. Et il les plaça dans le firmament du ciel pour luire sur la terre et pour présider au jour et à la nuit et pour séparer la lumière des ténèbres. Et Dieu vit que cela était bon.

Et d'un soir et d'un matin fut fait le quatrième jour.

1491. La manne tombe dans le désert dès le premier jour et ensuite, sans cesse, pendant 40 ans.

QUATRIÈME PÉRIODE

Quatrième Age de l'Eglise

De Charlemagne et Léon III à Charles V et Léon X
800 à 1513

— Holzhauser veut que ce 4ᵉ jour de la création soit le type du quatrième âge de l'Eglise, lequel commence à Charlemagne et Léon III et finit à Charles-Quint et Léon X. En effet, l'analogie est des plus admirables et des plus frappantes.

Ces deux grands luminaires faits dans le firmament du ciel ne sont autres que les deux grands docteurs de l'Eglise, St Bernard et St Thomas d'Aquin. Les enseignements de ces deux théologiens furent et sont encore une lumière magnifique pour tous, tandis qu'autour d'eux s'accumulent des quantités d'étoiles, c'est-à-dire de saints et de savants, de toutes grandeurs. C'est en cet âge, en effet, que furent fondés ces grands ordres religieux qui produisirent tant d'hommes illustres : les Prémontrés, les Trinitaires, les Frères mineurs, les Frères Prêcheurs, les Chartreux, l'ordre des Minimes et l'ordre de Citeaux.

C'est dans cet âge qu'eurent lieu les plus remarquables conversions de peuples : les Danois et les Suédois, les Slaves et les Russes, les Bulgares, les Normands et les Hongrois.

C'est dans cet âge que la noblesse française et chrétienne porta jusqu'en Orient les lumières de la foi en s'enrôlant dans ces mémorables croisades qui ont ouvert à tout jamais l'Orient, développé le commerce et l'industrie, contribué à l'essor de la chevalerie et à l'affranchissement des communes qui obtiennent, dès lors, le droit de s'administrer elles-mêmes.

— C'est enfin durant cet âge que se produisit définitivement la séparation de la lumière des ténèbres qui tentaient, mais vainement de tout envahir sous la forme multiple, mais au fond unique, des hérésies et des schismes qui furent, au fur et à mesure, refoulés et vaincus pour la plupart par les écrits des docteurs et les décisions des conciles.

Telle est la partie de l'histoire de cet âge qui représente la lumière.

En voici les ténèbres : Schisme de Photius; hérésie de Bérenger; schisme de Michel Cérulaire; querelle des Investitures; schisme d'Occident; hérésie de Wiclef et Jean Huss.

On le voit : cet âge est plutôt une journée d'été, car la lumière y domine beaucoup l'obscurité des erreurs qui, du reste, ira se dissipant tous les jours jusqu'à complet oubli.

— Durant que l'humanité traverse le désert de la vie, Dieu lui donne, pour la soutenir, la manne céleste, le vrai pain du ciel, l'Eucharistie, dont l'autre manne n'était que la vivante figure.

— Moïse sauvé des eaux.

— Moïse vainquit Amalec par la ferveur de sa prière.

— Les 42 stations dans le désert.

— Dieu publie sa loi sur le mont Sinaï, au milieu des foudres et des éclairs. C'est le Décalogue ou loi naturelle.

— Moïse et Aaron.
— Veau d'or adoré par les Israélites tandis que Moïse priait sur la montagne, loin des choses de la terre.

— Serpent d'airain qui sauve les Israélites.

— Les 12 envoyés de Moïse pour reconnaître la Terre promise, pendant 40 jours.

1451. — Mort de Moïse, à 120 ans, avant d'être entré dans la Terre promise qu'il n'a vue que de loin.
— Passage du Jourdain et entrée dans la terre promise. On se souvient que Jacob appelé par Joseph qui régnait en Égypte, lors de la famine qu'il sut si bien prévoir, y était resté et après lui ses descendants pendant 400 ans. Au bout de ce temps, persécutés par Pharaon, ils voulurent revenir chez eux et partirent. Le voyage dura 40 ans à travers un immense désert où ils eurent beaucoup à souffrir, mais où ils furent constamment soutenus et protégés par Dieu. Ils arrivèrent ainsi dans la terre qu'avaient autrefois habitée leurs pères.

— Les rois de Chanaan se liguent contre Josué : ils sont vaincus.

— Josué prend Jéricho dont il fait sept fois le tour au son des trompettes. C'est la première victoire sur la terre promise.
Il arrête le soleil.

— Prise de Jéricho et entrée dans la terre promise.

— Partage du pays entre les 12 tribus.

— J.-C. sauvé du massacre des Innocents.

— Ainsi St Léon et Attila vaincus par la prière du pape.

— Les 42 repos laissés à l'Eglise après chacune des grandes luttes qu'elle eut à supporter : schismes, hérésies, persécutions de toutes sortes, au nombre de 42.
Et encore les 42 années qu'ont duré les 9 croisades, y compris celle des Albigeois.

— J.-C. publie sa loi : *Aimes-vous les uns les autres*, à travers les montagnes de la Judée, plus particulièrement du haut du mont des Béatitudes, au milieu des miracles de sa charité infinie. C'est la loi d'amour.

— Saint Pierre et Saint Paul.

— La croix qui sauve ceux qui la regardent avec foi et espérance.

Les 12 apôtres, envoyés par J.-C. pour reconnaître le monde (V. plus haut).
Ils restent 40 jours en prières avant de se disperser.

— La terre promise, cette terre qui avait été autrefois habitée par Abraham et que le peuple de Dieu devait conquérir et mériter après 40 ans de désert, est une image vivante de la vraie Terre promise au chrétien, le Paradis. C'est la terre que possédait autrefois le premier homme et qu'il avait perdue, qu'il faut maintenant reconquérir pendant une moyenne de 40 années passées dans le désert de cette vie où Dieu cependant nous protège et fait des miracles en notre faveur. Et pour nous, comme pour Israël, en face du Veau d'or qui nous perd, se dresse le serpent d'airain qui nous sauve.

— Les rois et les puissants du monde se liguent contre les apôtres et les chrétiens ; mais ils sont vaincus les uns après les autres.

— St Pierre prend Rome rien qu'au son de sa voix et il arrête pour cela la puissance des Césars. C'est la première victoire chrétienne sur le paganisme, celle qui décidera du triomphe permanent de l'Eglise sur ses ennemis toujours arrêtés : « Vous n'irez pas plus loin. »

— La terre s'écroule au son des trompettes du jugement et les hommes entrent dans la terre promise.

1095. — Prise de Jérusalem par les croisés en 1095 et entrée dans la Terre sainte.

— Partage du monde entre les 12 apôtres du Christ.

— Gédéon défait les Madianites avec 300 hommes.

— Samson, sa force prodigieuse.

1080. — Saül, ses victoires, sa double désobéissance.

1040. — David. L'arche sainte est ramenée à Jérusalem.

Il règne 7 ans sur Juda et 33 à Jérusalem.
Chute et pénitence de David.

1001. — Salomon. — Sa sagesse proverbiale. — Construction du Temple.
On vient le voir de partout.

— En ces dernières années, le peuple choisi eut à subir 7 servitudes ou assujettissements à d'autres rois, en punition de sa désobéissance à Dieu.

— Enfin dans cette période il y a eu à enregistrer la défaite de quinze grands peuples dans les guerres que les Israélites eurent à soutenir pour reconquérir et prendre possession de la Terre promise (V. p. 37).

1453. — Prise de Constantinople par Mahomet II. — L'empire avait vécu 1123 ans (depuis 330).

— Charles Martel. — Bataille des Champs Catalauniques.

— Histoire de l'empereur Marc-Aurèle, de Clovis et de Charles VII, rois de France.

—Transport de la Maison de Nazareth à Lorette (V. Boreau, p. 175).

Héraclius rapporte la vraie croix à Jérusalem en 628.

— St Pierre règne 7 ans 1/2 à Antioche et 25 ans 1/2 à Rome, en tout 33 ans.

389. — Chute et pénitence de Théodose après Thessalonique. Histoire de Charlemagne.

1260. — Saint Louis, roi de France, justicier, construit la Sainte-Chapelle.
Charlemagne pieux et dévoué reçoit les présents d'Aroun-al-Raschid. Histoire aussi de St Louis.

— Ces 7 servitudes représentent ici les sept principales hérésies qui ont affligé l'Eglise au cours des siècles. Si, servir Dieu, c'est régner, il s'ensuit que lui désobéir (hérésie), est un esclavage ou servitude.

— Ces peuples vaincus représentent les schismes et hérésies terrassés par l'Eglise, comme nous l'avons dit plus haut.
— représentent les Croisades entreprises par la catholicité pour reconquérir le tombeau de J.-C.

CINQUIÈME PÉRIODE

Cinquième Jour, Cinquième Age de la Création

*De la Fondation du Temple à la fin de la Captivité, 475 ans
1011 à 536*

— Dieu dit aussi : que les eaux produisent l'être doué du souffle de la vie qui se remue en se transportant d'un lieu dans un autre et ce qui vole au-dessus de la terre, sous le firmament du ciel.
Dieu créa donc les poissons et tous les êtres animés qui ont la vie et le mouvement : les eaux les produisirent chacun selon son espèce et tout volatile selon son genre.
Et Dieu vit que cela était bon ; et il les bénit disant : Croissez et multipliez-vous et remplissez les eaux de la mer et que les oiseaux se multiplient sur la terre.
Et d'un soir et d'un matin fut fait le 5ᵉ jour.

— Magnificence des rois d'Israël sous Salomon.

975. Sous Roboam, le royaume est diminué de 10 tribus qui apostasient. Le schisme durera jusqu'à la destruction du royaume d'Israël en 718.

— Il y eut des martyrs dans les deux camps.

— Prêtres de Baal confondus par la prière d'Elie. Le feu du ciel consume la victime présentée par Elie.

— Sous Elisée, le roi d'Israël, le roi de Juda et le roi d'Idumée faisant la guerre contre les Moabites, les troupes vinrent à manquer d'eau. Elisée fit un miracle : l'eau vint en abondance sans orage ni vent.

876. Athalie : Dieu des Juifs tu l'emportes !

772. Prédication de Jonas aux Ninivites qui se convertissent.

747. Fin du royaume d'Assyrie, après 520 ans d'existence. Il avait reçu de Dieu la mission de châtier les juifs infidèles.

CINQUIEME PÉRIODE

Cinquième Age de l'Église

De Charles V et Léon X au Grand Pape Pacificateur
1513-1919

— Le cinquième âge est un âge d'affliction, de désolation, d'humiliation et de pauvreté pour l'Eglise. C'est dans cet âge que J.-C. a épuré son froment par des guerres cruelles, par des séditions, par la famine, la peste et d'autres calamités horribles affligeant et appauvrissant l'Eglise, par beaucoup d'hérésies et aussi par les mauvais chrétiens qui tenteront de lui faire du mal. Les royaumes combattent contre les royaumes et les principautés et les monarchies sont bouleversées.

— Magnificence de la Papauté pendant cette période (Il fait bon vivre sous la crosse).

861 à 1054. Schisme d'Orient sous Photius et Michel Cérulaire.
— Luther détourne des masses de chrétiens de la véritable foi.
1517. La séparation durera jusqu'à la fin des temps. Les protestants, comme les Juifs, ne se convertiront qu'aux derniers jours.

— Ainsi sous les deux obédiences, pendant le schisme d'Occident, il y eut des saints et des martyrs.

— Saint Benoît renverse les idoles du temple d'Apollon au Mont Cassin.
842. Le Livre des Evangiles est jeté au feu et ne se consume pas à la prière du saint évêque qui fit alors la conversion de la Russie.

— Ainsi Marc-Aurèle faisant la guerre aux Sarmates et à d'autres peuples de la Germanie, en été, l'eau vient à manquer. La *Légion fulminante* obtient, par ses prières, un miracle; l'eau vient en abondance sans orage ni vent et permet aux soldats de se désaltérer ainsi que leurs chevaux.

361. Julien l'Apostat : Tu as vaincu, Galiléen !...

1533. Schisme d'Angleterre qui ne se convertit pas malgré les prédications des envoyés du Pape. L'Angleterre ne se convertira qu'au dernier jour. Elle était catholique depuis l'an 596, c'est-à-dire pendant 937 ans.

1541. Etat de la Religion au Japon converti vers 1530 par saint François Xavier en Chine.

718. Fin du royaume d'Israël par Salmanazar, roi d'Assyrie, après 244 ans.

660. Histoire de Judith qui tue Holopherne, délivre l'armée et sauve le peuple, au nom de Dieu.

640. Jérémie sanctifié dès le sein de sa mère.

625. Ruine de Ninive.

606. Captivité à Babylone, pendant 70 ans, par Nabuchodonosor, qui punit les juifs rebelles.

— Les trois enfants dans la fournaise.
587. Fin du royaume de Juda par Nabuchodonosor 11, roi d'Assyrie, après 375 ans.
569. Nabuchodonosor changé en bête pendant 7 ans.
— Sous Sédécias, dernier roi de Juda, Jérusalem fut détruite avec mêmes détails horribles qu'en 70, sous Titus.

538. Renversement de Babylone (1). Elle a subsisté 1919 ans, fondée en 2457.

536. Cyrus délivre les Juifs et leur permet de rebâtir le temple.

500. Les prophètes se taisent pour laisser le peuple se préparer par le silence à la venue du Messie.

536. Après l'édit de Cyrus, les Juifs se dispersent et vont ainsi porter partout le nom du vrai Dieu.
Les uns vont en Égypte.
Quelques-uns en Crète.
D'autres dans l'île de Chypre;
Un certain nombre s'établit en Macédoine;
Beaucoup passèrent en Asie;
D'autres en Syrie;
D'autres enfin en Grèce.

(1) Lire dans Bossuet, dis. sur l'H. U. les magnifiques rapprochements entre Babylone, Rome et Paris, p. 269, 357, 387.

— Fin des protestants à la fin des temps.

— Histoire de Jeanne d'Arc qui chasse les Anglais, délivre Orléans et sauve la France, au nom de Dieu.

— Saint Jean-Baptiste sanctifié dès le sein de sa mère.

1308-1378. Papes à Avignon pendant 70 ans. C'est ce que les historiens appellent la captivité de l'Eglise. Les chiffres sont exactement les mêmes.

— Les chrétiens condamnés au bûcher voient les flammes s'écarter autour de leur corps: Saint Polycarpe, Saint Jean, etc..

Renversement de Paris (1) la Babylone moderne, qui aura duré autant que l'antique Babylone, 1919 ans.

— Les chrétiens seront à jamais délivrés de leurs ennemis et rentreront dans le véritable temple qu'ils se seront construits à eux-mêmes par leur foi pendant leur vie, c'est-à-dire le ciel.
— Cyrus est encore ici, Constantin qui, après le renversement de Rome païenne, permet aux chrétiens délivrés de bâtir des temples et des monastères.
Ce retour de la captivité est, d'après Bossuet, l'image de la liberté plus grande et plus nécessaire que le Messie devait apporter aux hommes captifs du péché.

1600. Le ciel, au contraire, se mettra plus que jamais en rapport avec la terre pour l'aider à se mieux préparer à la grande venue du Christ. Les apparitions, les miracles se multiplient partout pour ramener les âmes et les fortifier contre leurs ennemis. C'est bien de cette époque que l'on peut dire : Et quel temps fut jamais plus fertile en miracles !

Ainsi après l'édit de Combes, les religieux, au nombre de plus de 50.000 quittent leur patrie et vont porter aux autres peuples le nom du vrai Dieu.
— Après l'édit de Constantin, triomphes des chrétiens qui se dispersent et vont portant le nom du vrai Dieu, Jésus-Christ.
493. Conversion des Français. Baptême de Clovis ;
596. Conversion de l'Angleterre ;
723. Conversion de l'Allemagne ;
803. Conversion des Danois et des Suédois ;
842. Conversion des Slaves, des Russes et des Bulgares ;

SECTES DIVERSES

Secte des Pharisiens, altérant la loi et parfois la violant.
— Sadducéens, niant l'immortalité de l'âme et la résurrection.
— Thérapeutes, vivant solitaires et contemplatifs.
— Esséniens, fuyant les grandes villes.
— Hérodiens ou demi-juifs qui regardaient Hérode comme le Messie ou comme le roi devant rétablir Israël.
— Samaritains, refusant de reconnaitre le grand-prêtre des Juifs.
— Hémérobaptistes, niant la résurrection.

— Histoire de Coré, Dathan et Abiron qui veulent s'arroger le droit d'exercer le sacerdoce.

FAITS DIVERS DE CETTE ÉPOQUE

950. Apogée du règne de Salomon et du peuple juif.

— Retour de l'Arche au milieu du peuple juif.

— Xerxès protège les Juifs comme son père Assuérus.

— Clémence d'Assuérus à la prière d'Esther.

Chute de Babylone. Triomphe de Cyrus.

— L'Arche est rendue par les Philistins et rapportée à Jérusalem.

— Les Israélites sont attaqués par les rois de Chanaan ligués contre eux. Ils seront vainqueurs de toutes ces forces réunies grâce à la protection du Seigneur, leur Dieu.

1° Les Israélites attaqués par les Amalécites, descendants d'Esaü; ils sont vainqueurs sous le commandement de Josué. Prise de Jéricho.

912 Conversion des Normands. Baptême de Rollon, leur chef.
1092 Conversion des Hongrois.

319 Hérésie d'Arius. Concile de Nicée en 325.
380 — Macédoniens. Concile de Constantinople en 381.

Schisme des Donatistes. Conférence de Carthage.
412 Hérésie des Pélasgiens. Conciles de Carthage et de Milève.
Erreurs des demi-Pélasgiens. 2° Concile d'Orange.

430 Hérésie de Nestorius. Concile général d'Ephèse.

451 — d'Eutychès. Concile général de Chalcédoine.
553 Affaire des 3 chapitres.
612 Mahomet s'érige en prophète.
622 Hégyre de Mahomet.
630 Hérésie des Monothélites. 6° Concile œcuménique (680).
727 — Iconoclastes. 7° Concile œcuménique (787).

858 Photius usurpe le siège de Constantinople.
1050 Hérésie de Bérenger.
1053 Schisme de Michel Cérulaire.
1075 Querelle des Investitures.

1073 Apogée de la puissance de l'Eglise sous Grégoire VII.

326 Invention de la vraie Croix.

363 Jovien protège la foi catholique.
370 Valens tremble devant Saint Basile.

387 Clémence de Théodose à la prière de Saint Flavien, évêque d'Antioche.

476 Chute de l'Empire romain. Triomphe du Christianisme.
614 Prise de Jérusalem par Chosroès.

628 La Sainte Croix rendue et apportée à Jérusalem.
800 Charlemagne couronné empereur d'Occident.

950 Invasion des Barbares, Normands, Hongrois, etc., en Allemagne, en Angleterre, en France, en Italie et en Espagne.
L'Eglise pare de tous côtés au danger et sauve les peuples grâce à la protection du Christ qu'elle invoque.

1095 Première croisade (1095-1099). Prise de Jérusalem. Godefroy de Bouillon est nommé roi.

— Célébrité de Josué.

2° Attaqués par Chusan, roi de Mésopotamie, ils sont délivrés par le juge Othoniel.
3° Attaqués par Eglon, roi des Moabites, ils sont délivrés par Ahod qui tua Eglon de sa propre main.
4° Attaqués par Jabin, roi de Chanaan et délivrés par Barac avec l'aide de la prophétesse Debora.
5° Attaqués par les Madianites, vaincus par Gédéon avec trois cents hommes.
6° Attaqués par les Ammonites qui furent défaits par Jephté qui sacrifia sa fille au Seigneur.
7° Attaqués par les Philistins, vaincus par Samson.
8° Attaqués encore par les Philistins qui prirent l'Arche, mais furent défaits par Héli. L'Arche fut rendue.

— Ninive se convertit à la prédication de Jonas.

710 Tobie, sa piété, sa patience, sa charité.

— Célébrité de Saint Bernard.

1146 Deuxième croisade (1147-1149).

1190 Troisième croisade (1189-1193).

1195 Quatrième croisade (1202-1204).

1217 Cinquième croisade.

1228 Sixième croisade (1228-1229).

1248 1ᵉ Croisade de Saint Louis (1248-1254).
1270 2ᵉ Croisade de Saint Louis (1268-1270). Et 8ᵉ et derniere croisade.
1453 Prise de Constantinople. Fin du moyen-âge.
1492 Découverte de l'Amérique.
1513 Commencement du règne de Léon X.
— L'Angleterre ne se convertit pas à la prédication des envoyés du Pape.

1541 Conversion des Indes. Saint François-Xavier.
1545-1563 Concile de Trente.
1571 Bataille de Lépante. Victoire éclatante due à la prière du pape et de la chrétienté.

1660 Saint Vincent de Paul. Son immense charité.
1650 Jansénisme.
1789 Présage et commencement de la Révolution.
1870 Le pape est dépouillé et prisonnier. Fin du pouvoir temporel.

SIXIÈME PÉRIODE

Sixième Jour, Sixième Age de la Création
536 ans — 536-1 ap. J.-C.

— Dieu dit encore : que toute la terre produise des animaux vivants chacun selon son genre : des bêtes de trait et de somme, des reptiles et autres animaux chacun selon son espèce.

Et Dieu fit chacun selon son espèce, les animaux domestiques et tous reptiles de la terre, chacun selon son genre. Et Dieu vit que cela était bon.

— Puis il dit : Faisons l'homme à notre image et à notre ressemblance et qu'il ait préséance sur les poissons de la mer, sur les oiseaux du ciel, sur les bêtes et sur toutes les créatures en général, même sur le reptile qui se meut sur la terre.

Et Dieu créa l'homme à son image : il le créa mâle et femelle. Puis Dieu les bénit et dit : Croissez et multipliez, remplissez la terre, assujettissez-la : dominez sur les poissons de la mer et sur les volatiles du ciel et sur tous les animaux qui se meuvent sur la terre, etc...

Et d'un soir et d'un matin se fit le sixième jour.

— Règne de Cyrus. Commencement des 70 semaines de Daniel, 490 ans avant la venue du Messie.

— Continuation de la dispersion des Juifs en *Egypte*, *Syrie*, *Asie*, Chypre, *Crète*, Macédoine, *Grèce*, qui emportent avec eux leurs croyances et leur culte qui seront ainsi connus de ces peuples qui, sans eux, n'auraient jamais connu le vrai Dieu. Ils préparent ces peuples à la réception de l'Evangile.

— Prière d'Esther qui sauve son peuple.

— Assuérus révoque l'édit contre les Juifs.

397. Dispute pour le souverain sacerdoce. Les deux frères Jonathas et Josué.

SIXIÈME PÉRIODE

Sixième Age de l'Église
1919-1920

— Nous trouvons le type de cet âge dans la sixième époque du monde qui commença avec l'émancipation du peuple d'Israël et la restauration du temple et de la ville de Jérusalem et dura jusqu'à J.-C.

Car, de même qu'à cette époque, le peuple d'Israël fut consolé au plus haut degré par la fin de sa captivité ; que Jérusalem et son temple furent restaurés, que les royaumes, les nations et les peuples soumis à l'Empire romain furent subjugués par César Auguste qui les gouverna pendant 56 ans, rendit la paix à l'univers et régna seul jusqu'à la venue de J.-C. et même après, ainsi dans ce sixième âge Dieu réjouira son Eglise par la prospérité la plus grande. Toutes les nations seront subjuguées par un prince puissant qui soumettra tout à son trône et emploiera son zèle pour la vraie Eglise du Christ. Il n'y aura plus d'hérésies par la terre, Dieu étant reconnu de tous comme le Maître et le Seigneur. La paix règnera universelle.

— C'est aussi à ce sixième âge que se rapporte le sixième jour de la Création lorsque Dieu fit l'homme à sa ressemblance et le plaça maître du monde. Ainsi, dans cet âge, le Dieu fait à l'image de l'homme sera placé Maître du monde ; toutes les nations le reconnaîtront pour leur Seigneur et leur Dieu. C'est le triomphe du Christ dans le ciel avec ses élus après la fin du monde.

1429. Règne de Charles VII. La mission de Jeanne d'Arc aura eu lieu juste 70 semaines d'années avant la venue définitive de J.-C. pour juger le monde. 1429+490=**1919**.

— Dispersion des chrétiens persécutés, des religieux chassés qui emportent avec eux leur charité, leur dévouement, leur science dont profitent les peuples qui les reçoivent. Conversion des peuples ainsi préparés par les prédications des exilés. C'est ainsi que de ce grand mal, pour quelques-uns, sortira le plus grand bien pour tous.

430. Ste Geneviève sauve Paris de la fureur d'Attila qui s'en va.
387. L'empereur Théodose épargne Antioche coupable, sur la prière de son évêque Flavien.
312. Constantin délivre les chrétiens persécutés.

174. Marc-Aurèle révoque l'édit contre les chrétiens à la suite du miracle de la Légion Fulminante.

— Querelle des Investitures (1294-1303). Boniface VIII et Philippe IV le Bel.

333. Construction du temple de Garizim. Juifs de bonne foi aussi bien qu'à Jérusalem.

333. Le grand prêtre Jaddus va au-devant d'Alexandre qui est subitement calmé et épargne Jérusalem. En récompense, Alexandre eut le plus vaste empire du monde.

280. Sous Antiochus Philopator ont lieu des persécutions contre les Juifs qui sont livrés aux éléphants ; ceux-ci se tournent contre les bourreaux dont ils font un horrible carnage.

A cette vue, le prince rentre en lui-même et, grâce à ce miracle, les juifs délivrés obtiennent un édit favorable.

204. Antiochus Epiphane entreprend de détruire la nation juive : la persécution dure trois ans et demi.

— Les Juifs se révoltent contre la Syrie sous la conduite des Machabées. Victoire contre Lyzias. Apparition d'un cavalier blanc avec armure et lance d'or.

Lors d'une seconde bataille, apparition de cinq cavaliers dont deux couvrent Judas Machabée.

Eupator est défait par les Juifs et s'enfuit avec ses 100.000 hommes.

188. Antiochus fait l'éloge des Juifs dont il loue la fidélité aux lois. (Lhomond p. 288).

168. Martyre de St Eléazar, docteur de la loi, âgé de 90 ans. — Les Machabées ; une mère et ses 7 fils.

Un ambitieux, Simon, qui avait la garde du temple, pour gagner la faveur du prince l'avertit que l'on garde dans le temple des sommes immenses (Lhomond p. 289).

— Antiochus disait : J'irai à Jérusalem et je ferai de cette ville le tombeau de tous les Juifs.

— Persécuteurs punis (V. histoire de la Religion, *Passim*). Antiochus Epiphane ; Nicanor ; Hérode, etc., etc.

— Les Juifs ont eu leurs hérésies, leurs sectes : ainsi les Pharisiens, les Sadducéens, les Esséniens, les Thérapeutes, les Hémérobaptistes, les Samaritains, les Hérodions, etc., etc. qui n'ont pas survécu.

— Prodigieux aveuglement des hommes avant la venue du Messie et corruption générale et fausses doctrines de pharisiens.

— Papes à Avignon. Chrétiens de bonne foi partout, à Rome et à Avignon.

880. Schisme entre l'Eglise latine et l'Eglise grecque qui, comme les Juifs de Garizim, ont conservé beaucoup de pratiques chrétiennes. (Aujourd'hui ils n'en ont plus beaucoup, s'ils en ont encore).

800. Charlemagne va au-devant du Pape et protège l'Eglise. Il eut le plus vaste empire du monde.

432. St Léon va au-devant d'Attila qui avait juré de faire manger à son cheval de l'herbe dorée sur l'autel de St Pierre, à Rome, et calme sa fureur. Rome est épargnée.

— Ainsi des persécutions en général. On a vu des lions lécher les pieds et les mains des martyrs et les épargner. St Saturnin, etc., etc.

— Ainsi Marc-Aurèle après le miracle de la Légion Fulminante.

— Dioclétien entreprend de détruire le nom chrétien et croit son but réalisé « *Nomine christiano deleto* ». La persécution dure trois ans et quelques mois (23 fév. 303 à 306).

— Bataille de Constantin contre Maxence. Apparition de la croix merveilleuse dont la devise : *In hoc signo vinces* entraîne la victoire et le triomphe de Constantin. Apparition de St Michel. Apparition de l'ange à Rome au-dessus du château de son nom.

— 100.000 Français n'ont-ils pas capitulé dernièrement ?

Tertullien fait l'éloge des chrétiens.

— Martyre de St Polycarpe, âgé de 85 ans, et de St Ignace, etc., Ste Félicité et ses 7 fils ; St Symphorien et ses 7 fils.

Les païens ne disent-ils pas (et encore aujourd'hui), que l'Eglise accumule dans ses temples d'immenses richesses ? Le fameux milliard des congrégations !!!

— Ainsi l'Antéchrist dira : *J'irai à Rome et je ferai de cette ville le tombeau du christianisme.*

— Persécuteurs punis (V. de morte persecutorum. St Lactance et toutes les histoires ecclésiastiques). Néron, Domitien, Valérien, Dioclétien, etc., etc.

— Les hérésies n'ont pas manqué de surgir au sein de l'Eglise qui les a toutes vaincues : Ariens, Macédoniens, Pélasgiens, Nestoriens, Eutychéens, Monothélites, Iconoclastes, de Bérenger, de Wiclef et Huss, Luther et Calvin, Jansénistes.

Ainsi que les schismes : Donatistes, Michel Cérulaire ; schismes d'Occident, d'Angleterre. — Mahométans.

— Ainsi la corruption et l'aveuglement, de nos jours, sont répandus surtout parmi les hautes classes de la société. C'est un des signes de la fin du monde, avec la multitude de fausses doctrines enseignées partout, jusque dans les régions les plus éloignées.

CONCLUSION

Le peuple choisi. — *Gesta Dei per Francos*. — Les Romains. — La situation humaine. — Les leçons de l'histoire. — Le monde renversé. — L'or. — La crédulité humaine. — Les Juifs reviendront. — Jérusalem s'éveille. — Le sceptre de Juda. — En 1921.

Après la lecture d'un pareil tableau, je devrais m'arrêter et laisser le lecteur à ses réflexions. Je lui demande cependant la permission de quelques pages pour la conclusion de cet ouvrage.

Cinq peuples ont été appelés par Dieu, et clairement, nommément désignés par les prophètes, pour accomplir ses volontés en Israël. Ecoutons Bossuet :

« *Les Assyriens l'ont châtié; les Perses l'ont rétabli. Alexandre* « *l'a protégé : Antiochus l'a exercé et les Romains ont soutenu sa* « *liberté contre les rois de Syrie.* » Or, continue toujours l'aigle de Meaux, ce sont les rois de France qui sont clairement prédits dans les prophètes. *Car Dieu a eu, depuis le Christ, un peuple privilégié à conduire et à protéger et ce sont les Francs qu'il a désignés pour cela.* A la France a incombé l'honneur, en effet, de châtier les ennemis de l'Eglise, d'établir le christianisme par tout le monde, de le protéger, plus particulièrement à Rome sa capitale, de soutenir et de défendre sa liberté envers et contre tous. Ce peuple, clairement désigné pour cette mission, a rempli à lui seul le quintuple rôle des Assyriens, des Perses, d'Alexandre, d'Antiochus et des Romains sur le peuple juif. L'histoire est là qui atteste la vérité de ce rôle traduit tout entier dans le bien connu : *Gesta Dei per Francos*. Cette même histoire atteste, de plus, que, de nos temps, comme autrefois, Dieu a fait triompher son peuple tant qu'il lui a été fidèle, et qu'au contraire il l'a malheureusement abandonné quand il a failli à sa mission. Notre tableau renferme de nombreux exemples de ces alternatives de triomphes et d'épreuves, nous n'y reviendrons pas. Rappelons seulement l'abandon de Rome par la France en 1870 et la honteuse capitulation de près de 100.000 hommes en 1870 à Sedan et à Metz. (1).

De la lecture de ce tableau il ressort encore que Dieu a employé les Romains pour préparer le monde à la venue du Messie. Ainsi, depuis la venue de ce Messie, il a toujours employé les Romains pour

(1) Relativement à ce choix, Bossuet s'exprime ainsi (p. 169) : Rien de plus digne de Dieu que de s'être choisi un peuple dont la bonne et la mauvaise fortune dépendît de la piété et dont l'état rendît témoignage à la sagesse et à la justice de Dieu qui le gouvernait. Autant de fois qu'il tombe dans l'impiété, il est puni, autant de fois qu'il se repent, il est délivré.

préparer l'univers à sa dernière venue sur la terre à la fin du monde. C'est de Rome que nous viennent la lumière et la grâce. Comme autrefois tous les peuples étrangers ont été réunis sous la domination romaine pour faciliter la diffusion de la connaissance du Christ, ainsi, après J.-C., tous les peuples se sont rangés sous cette même domination, spirituelle, dont le sceptre voit encore se courber devant lui l'univers, avec cette différence que si, autrefois, les empires du monde ont concouru au maintien de la religion, et à la conservation du peuple de Dieu faible et impuissant, aujourd'hui c'est la Religion qui, puissante et forte, soutient les peuples, les unit et les conserve. De plus, ceux-là seuls qui auront obéi à Rome seront prêts pour la dernière venue du Christ.

Mais enfin voilà ma conclusion :

La fin du monde en 1921

Je vous l'annonce bien haut, sans hésiter.

Comme les contemporains de Noé riaient du bon patriarche tandis qu'il ajustait ses planches qui devaient le sauver du déluge et de la mort, riez, si vous voulez, de l'ajustement plus ou moins à votre goût, ce qui ne diminue pas sa valeur, de mes preuves historiques. Il n'en reste pas moins indéniable que nous touchons à la *fin de notre monde*. Les savants le reconnaissent tous les jours quoique ne le disant jamais. Ils préfèrent invoquer les traces plus ou moins lumineuses d'une comète dévoyée que suivre les leçons de l'histoire des 60 siècles qui nous précèdent. C'est affaire à eux. Le monde des êtres, lui, qui n'a personne à consulter, qui n'a qu'à obéir au Créateur, n'en est pas moins sur la pente dernière qui le conduit vertigineusement à sa fin : il a accompli sa mission. Tout le proclame (1). Ecoutons plutôt la voix de la Tour de Noé résumant la situation humaine. Je résume moi-même ses pages 83 et suivantes.

Dans le monde spirituel :

Morale absolument indépendante : après la mort, le ciel pour tous et pas d'enfer ; ceci dit tout.

Dans la famille :

Le mariage est une simple opération commerciale : la fidélité conjugale est une exception ridicule.

Quant à l'individu :

La raison et la science sont tout. Ses convictions sont mobiles, ses opinions variables, ses affections inconstantes, ses paroles trompeuses, ses maisons fragiles, ses habits légers, ses aliments sophistiqués, ses vins frelatés, ses diamants faux, ses cheveux teints, ses yeux de verre et ses dents postiches.

Tout est sens dessus dessous : le maître, aujourd'hui, mène le carrosse où se prélasse le valet. Il y a une société protectrice des animaux : mais la moitié de la société humaine exploite, trompe, martyrise et tue l'autre moitié que rien ne protège. Un chien est plus choyé qu'un homme jusque dans sa tombe. Le luxe public a fait place au luxe privé, produit naturel de l'abaissement moral, qui

---

(1) Bossuet. Disc. sur l'H. U. p. 283.

envahit toutes les classes. Quant aux facultés morales, c'est tout à fait le dernier degré. Le monde est arrivé à l'âge critique où le niveau des caractères a tellement baissé qu'il est au ras de terre et se confond partout avec la boue du chemin.

Au premier rang des conditions du bonheur, la corruption universelle place la richesse. Chacun se courbe devant l'or et plus que jamais il est vrai de dire : « *J'ai vu l'impie adoré sur la terre,* » impie en religion, en politique, en moralité, en honnêteté même. Et pour gagner cet or tous les moyens sont bons et s'emploient sans vergogne et sans remords.

Enfin le monde, aujourd'hui, croit au témoignage des tables tournantes et parlantes, à l'autorité des cartes, aux révélations des médiums spirites, aux communications des somnambules lucides : le monde actuel est tombé dans la crédulité de l'enfance. L'humanité radote. Il est temps qu'elle finisse.

D'autres signes encore plus significatifs nous avertissent de cette fin prochaine.

En effet les faux prophètes s'élèvent de toute part : Le Christ est ici, dit-on, un peu de tous les côtés, au point que jamais il n'y eut plus qu'aujourd'hui de sectes et de religions.

Nous sommes à la fin du monde, car l'abomination de la désolation est dans le sanctuaire. A cette heure, ce ne sont pas seulement des opinions qui sont battues en brèche, mais l'Evangile lui-même est attaqué, et un prêtre, que d'autres prêtres approuvent et applaudissent, dit-on, ne craint pas d'écrire ce qui est comme la doctrine de la nouvelle école catholique, condamnée du reste par Rome.

« Pour l'Ancien Testament, le livre du Pentateuque n'a pas été écrit par Moïse. Les premiers récits de la Genèse, le Paradis terrestre, le Déluge sont de charmantes légendes imaginées pour bercer les peuples et les consciences.

Plusieurs livres de la Bible, celui de Job, celui de Tobie, celui de Judith n'ont pas le caractère historique et sont de jolis romans, pour l'éducation morale des croyants. »

Tout l'Ancien Testament serait écrit sans aucun souci de la vérité objective et resterait un archéologique objet d'édification religieuse. L'abbé Loisy et ses amis y voient une allégorie de la Providence plus qu'une histoire d'Israël.

Quant au Nouveau Testament, on veut établir que la divinité de Jésus-Christ n'est pas inscrite dans l'Evangile. La Résurrection du même Jésus, l'institution des sacrements, la hiérarchie de l'Eglise, tout cela peut être article de foi, si on a la foi. Mais la nouvelle école déclare tranquillement, posément, que le Nazaréen est mort sans avoir prévu tout cela.

Enfin, le quatrième Evangile n'aurait aucune valeur historique ; la résurrection de Lazare serait un symbole.

Voilà simplement où nous en sommes : J.-C. n'est pas Dieu !... et la feuille publique qui nous raconte ces nouvelles idées d'une nouvelle école catholique (après 1900 ans, s'il vous plaît !...) ajoute naïvement que le prêtre fondateur de cette école négative est un prêtre vertueux (naturellement) et retiré, disant sa messe et ne s'interrompant de la récitation de son bréviaire que pour crier aux Evêques et au Pape lui-même : « *Vous n'avez pas fait d'études ; vous n'êtes pas compétents !...* »

Le Pape pas compétent?!! voyons, voyons, de qui se moque-t-on ici?

Ajoutons toutefois puisque le journal cité ne l'a pas dit, que l'auteur de ces doctrines condamnées à Rome s'est soumis à la décision du Pape.

Nous sommes à la fin du monde, car les famines, les pestes, les tremblements de terre (1) les guerres même éclatent un peu partout sans interruption, soit dans un pays soit dans un autre.

Quant à la science, elle s'émeut de ces troubles et la voilà contrainte pourtant de nous annoncer pis encore. Ne nous menace-t-elle pas de *8 années* consécutives de pluie par tout le monde, et surtout en France, à partir de 1904?

Nous sommes à la fin du monde, car les ténèbres sont plus épaisses que jamais. Le nom de Dieu est tout simplement oublié, on ne se soucie plus de lui, on n'y pense pas même pour le haïr, et déjà l'on peut bien le dire : *tout est Dieu excepté Dieu lui-même*, comme autrefois au temps de la venue du Messie.

Nous sommes à la fin du monde, car l'Evangile a été maintenant prêché à toute créature, la terre entière a reçu la bonne parole : les peuples, chacun en leur idiome, ont entendu la prédication des envoyés du Christ.

D'une statistique parue en 1903, dans les journaux, nous extrayons ce résumé éloquent.

De toutes les religions, le christianisme est celle qui compte le plus de fidèles, attendu qu'elle a 477 millions d'adhérents, tandis que le culte chinois des ancêtres ou la doctrine de Confucius n'en a que 256 millions, le brahmanisme 190 millions, le mahométisme 176 millions, le bouddhisme 147 millions, le taotaïsme japonais 43 millions, le judaïsme 7 millions ; enfin il y a 17 millions de personnes qui croient en plusieurs dieux et qu'on classe comme polythéistes.

En chiffres ronds, l'Europe compte 160 millions de catholiques, 81 millions de protestants, 8 millions d'orthodoxes, 6 millions et demi de mahométans et 6 millions et demi d'israélites : l'Amérique 58 millions de catholiques, 57 millions de protestants.

La semence a été répandue partout, elle a levé, il n'y a plus qu'à moissonner. La première venue du Christ s'est faite alors que Dieu était le plus méconnu, la dernière va se faire au moment où Il est le plus connu du monde entier.

Nous sommes enfin à la fin du monde, car les deux grands événements qui annoncèrent la venue du Messie : la disparition du sceptre de Juda et la conversion des Gentils, et qui sont matériellement les mêmes à la fin du monde, vont s'accomplir.

La conversion des Juifs est un signe précurseur de la fin des temps (1)

« *Ils reviendront un jour,* dit Bossuet, *mais ils reviendront pour ne*
« *s'égarer jamais, mais ils ne reviendront qu'après que l'Orient et l'Occident,*
« *c'est-à-dire tout l'univers, auront été remplis de la crainte de Dieu.*

(1) Voir Daniel XII-1 et ad Rom. XI. 7. 12.

Les prophètes ne sont pas moins explicites à l'égard de ce et our qui est un fait bien acquis. (1)

Et St Jérôme : In fine mundi Judœi, fidem tanquam Christum ab Œgypto revertentem suscipientes illuminabuntur (2).

C'est pour ce retour que Dieu les a gardés au milieu des nations où ils sont dispersés et captifs ; mais ils subsistent avec le caractère de leur réprobation, bannis de la Terre promise, n'ayant aucune terre à cultiver, esclaves partout où ils sont, sans honneur, sans liberté, sans aucune figure de peuple, jusqu'au jour prochain où, de nouveau, appelés par Dieu, ils rentreront en grâce avec lui. Au temps du Messie, les Juifs furent repoussés pour les Gentils : au temps de la fin du monde, second avènement du Christ, les Gentils recevront les Juifs en leur société et religion. Alors, quoique pour peu de temps, leur royaume se reformera et leur capitale revivra. Or, tout ne concourt-il pas aujourd'hui à préparer ce grand événement : la conversion des Juifs, et la résurrection de Jérusalem comme capitale des Juifs et des chrétiens puisque les Juifs seront convertis ? En effet de nombreuses caravanes sillonnent maintenant chaque jour cette terre jusqu'ici abandonnée et maudite. Les murailles de la ville sainte s'élargissent et se relèvent, sauf celles du temple bien entendu dont il ne doit pas rester pierre sur pierre. Et comme les routes ordinaires ne suffisent plus aux multitudes qui s'y rendent par intérêt, curiosité ou dévotion, il y a maintenant des chemins de fer. La vapeur s'est installée à Jérusalem même, et ces solitudes immenses dont rien, depuis bientôt 20 siècles ne troublait le silence lugubre et le repos de mort, retentissent à cette heure des bruits stridents des locomotives frémissantes dont le sifflet aigu annonce de Bethléem jusqu'à Hébron, de Samarie à Nazareth et à la mer de Galilée, de Béthanie à Jéricho et à la mer Morte qui en tressaille, la fin d'une désolation sans exemple et le retour à une vie nouvelle.

Bien plus, un ingénieur s'est levé qui propose de faire communiquer la Mer Méditerranée avec la mer Morte (2ᵐᵉ projet) au moyen d'un tunnel de 60 km. de long allant de Jaffa à Jérusalem et à la mer Morte. Or le chapitre XLVII d'Ezéchiel parle des eaux qui sortiront au-dessous du Temple à l'Orient ; d'après saint Jérôme et nombre d'autres commentateurs, elles figurent les eaux sacrées du Sauveur, de sa doctrine, du baptême, de la pénitence et des autres sacrements qui purifient l'âme, sans doute.

Mais, étant donné que nous sommes en un siècle utilitaire et que le style figuré n'est plus notre affaire, nous avons le droit de reprendre le texte au sens propre, au risque de faire à M. Simon l'honneur de supposer que la prophétie a pour objet le déversoir qu'il veut créer. Par le fait, il faut le reconnaître, lues dans cet esprit, les paroles du prophète ont plus d'un rapport avec le projet actuel :

V. 1...... — et je vis les eaux qui sortaient de dessous la porte vers l'Orient.....

---

(1) Et cum universis fuerit cognitio sacramenti celestis invecta, tunc Jerusalem occasus et finis (St Hilaire, hom. in Ev. selon Mat. c. XXIV.)

(2) St Jér. hom. in Ev. s-s- Innocentium.

V. 2. — ...... et je vis les eaux qui venaient en abondance du côté droit.

V. 8. — Et il me dit (*l'ange*) : ces eaux qui en sortant amassent des monceaux de sable vers l'Orient et qui descendent dans la plaine du désert, entreront dans la mer et en sortiront, et les eaux de la mer seront adoucies.

V. 9. — ...... et il y aura une grande quantité de poissons où les eaux viendront se rendre......

V. 10. — Les pêcheurs se tiendront sur les eaux et, depuis Engaldi jusqu'à Engalim, on sèchera les filets ; il y aura beaucoup d'espèces différentes de poissons, comme il y en a dans la grande mer (*la Méditerranée*).

Or il est clair que le tunnel proposé passera sous le massif sur lequel est bâti le temple, que son issue sera vers l'Orient en un point quelconque du versant vers la mer Morte, la vallée du Cédron probablement, que ces eaux viendront du côté droit pour celui qui, comme le prophète, vient du Septentrion pour les reconnaître ; elles entreront dans la mer Morte et en sortiront par évaporation ; les eaux de la Méditerranée, beaucoup moins chargées de sels minéraux que celles de la mer Morte, les adouciront certainement.

Des poissons seront entraînés par les eaux du tunnel et quand les eaux seront adoucies, certaines espèces (*comme il y en a dans la grande mer*) pourront vivre dans ce nouvel habitat. Les pêcheurs se tiendront depuis Engaldi jusqu'à Engallim, localités sur les bords de la mer Morte.

Tout cela constitue de curieux rapprochements.

D'autre part, on sait que le sultan vient d'accorder aux Juifs le droit de s'établir librement à Jérusalem où ils sont déjà si nombreux ; en conséquence, ils se proposeraient de faire un immense exode l'an prochain (1904), et ils viendraient au nombre de 60.000. La ville serait juive.

Enfin tout le monde a présentes à la mémoire ces fameuses séances du Congrès sioniste tenues à Bâle en 1903. Au milieu d'un grand concours de délégués de toutes les parties de l'Europe, dans la séance du 24 août, M. Max Nordau a lu un rapport sur le mouvement du peuple juif, provoqué par le sionisme, mouvement qui a pour but la *rentrée des juifs* dans le pays de leurs pères. L'orateur, qui a été très applaudi, a montré qu'en cas de nécessité, et en attendant, les Juifs pourraient s'établir dans l'Afrique orientale anglaise, l'Egypte (?) d'où ils partiraient ensuite pour Jérusalem, comme autrefois en partirent leurs pères pour gagner la Terre promise, Jérusalem !...

Le ciel se fait, en Orient, de plus en plus clément : un certain tressaillement semble animer toutes choses et cette terre si longtemps endormie semble vouloir sortir de sa torpeur. Bientôt Sion ne sera plus déserte car vers elle les nations se portent en foule et la croix du Christ s'y promène plus librement que dans nos pays catholiques.

Voilà le premier signe de la fin : il est indéniable.

Quant au second : la disparition du sceptre de Juda (1) et la fin de la succession des pontifes, il n'est que trop réel.

Juda, c'est ici le peuple chrétien qui constitue le royaume du Christ avec son chef, le pape. Or, chacun sait que, déjà, ce sceptre, le seul qui puisse lui être enlevé, a disparu depuis 1870, avec l'enlèvement

---

(1) Quant aux causes de la chute des Juifs, voir : Bossuet : Disc. sur l'H. U. page 285.

du pouvoir temporel. Mais, hélas !... non seulement ce sceptre temporel a disparu de Juda mais encore le sceptre de la suprématie spirituelle est attaqué. On essaye de le nier au Pontife romain. Cependant celui-là, *non auferetur ab eà* ne lui sera jamais enlevé, J.-C. étant avec son Eglise jusqu'à la consommation des siècles.

Quant au Royaume des Francs, le peuple choisi, que de sceptres tombent tous les jours de ses mains ! !...

« *Benjamin est sans force et Juda sans vertu.* »

Mais je ne veux pas insister davantage sur ce triste sujet. Je termine par la citation intégrale du passage de l'Encyclique de Pie X (à l'occasion de son avènement au trône de St Pierre) lequel jette sur tout mon travail une note de vérité éclatante. Je ne comptais certes pas, quand je travaillais autrefois ces pages, qu'au dernier moment me viendrait, de si haut, la confirmation solennelle de ma thèse. Ecoutez plutôt la parole du souverain pontife qui, s'adressant pour la première fois au monde chrétien et faisant appel à la collaboration du clergé, « en face de la guerre impie qui a été soulevée et qui va se poursuivant presque partout contre Dieu, dit :

« De nos jours, il n'est que trop vrai, les nations ont frémi et les peu-
« ples ont médité des projets insensés contre leur Créateur, et presque
« commun est devenu ce cri de ses ennemis : Retirez-vous de nous. De là,
« en la plupart, un rejet total de tout respect de Dieu. De là, des habitudes
« de vie, tant privée que publique, où nul compte n'est tenu de sa souve-
« raineté. Bien plus, il n'est effort ni artifice que l'on ne mette en œuvre
« pour abolir entièrement son souvenir et jusqu'à sa notion.
« Qui pèse ces choses a *droit de craindre qu'une telle perversion des*
« *esprits ne soit le commencement des maux annoncés pour la fin des temps*
« *et comme leur prise de contact avec la terre et que véritablement le fils*
« *de perdition dont parle l'apôtre n'ait déjà fait son avènement parmi*
« *nous*. Si grande est l'audace et si grande la rage avec lesquelles on se
« rue partout à l'attaque de la religion, on bat en brèche les dogmes de la
« foi, on tend d'un effort obstiné à anéantir tout rapport de l'homme avec
« la divinité, et c'est là au dire du même apôtre le caractère
« propre de l'Antéchrist, l'homme, avec une témérité sans nom, a usurpé
« la place du Créateur, en s'élevant au-dessus de tout ce qui porte le nom
« de Dieu (1).

Après cette confirmation la plus haute, je le répète, que puisse recevoir mon travail, je n'ai plus qu'à abandonner ma plume.

Je la laisse donc en priant le lecteur et le monde de prendre bonne note de cette date sinistre :

La Fin du Monde en 1921!

(1) Extrait de la *Croix* du 5 novembre 1903.

LA FIN DU MONDE
en 1921

TABLE DES MATIÈRES

Pages

Introduction. — Pourquoi j'écris. — Pour qui j'écris. — Ce que j'écris. — Que suis-je ? — Obsession de la fin du monde. — Qui en a parlé. — Ce qu'est mon travail. — Figure et réalité. — Eurêka 5

Chapitre I. — *Le monde finira-t-il ? Oui !*

Inutile de nier. — Dieu existe. — Raisons de convenance. — Affirmations de J.-C. — Pourquoi J.-C. ? — Les Évangiles. — L'Apocalypse. — Bossuet. — Croyance des peuples. — Les Terreurs de l'an mille. — Quand les savants parlent. — La comète Biéla en 1899. . . 8

Chapitre II. — *Quand finira le monde ? En 1921 !...*

§ 1. *Raisons de raison.*

Le pourquoi de la vie et de la mort de l'homme. — Mauvais anges et nouveaux élus. — Ce que je ne dirai pas. — Ce que dit le Christ. — Un mot intéressant. — Les répétitions de l'histoire. — C'est entendu. 14

§ 2. *Raisons de convenance.*

Harmonie entre tous les êtres de la Création : — règne minéral, règne végétal, règne animal, règne humain, règne angélique, Dieu. — *Quanto magis vos!* — Lamartine. — Voltaire. — Le rôle des êtres. — Encore Bossuet. 18

§ 3. *Harmonie des Chiffres.*

Date de la Création. — Durée des 6 jours. — Le nombre 1000. — Esdras. — Les 12 divisions du Siècle, de l'année, du jour. — Les âges du monde. — L'Eglise et ses docteurs. — Saint Malachie et sa prophétie des Papes. — La Tradition et les Saints. — Le juif, le chrétien et le cœur. — Tableau de l'harmonie des dates. . 24

§ 4. *Harmonie des événements.*

La division en 6 âges. — Une jolie comparaison. — La disposition de notre tableau. — Le langage de l'Histoire. — Figure et réalité 40

Conclusion. — Le peuple choisi. — Gesta Dei per francos. — Les Romains. — La situation humaine. — Les leçons de l'histoire. — Le monde renversé. — L'or. — La crédulité humaine. — Abomination de la désolation. — Retour des Juifs. — Jérusalem se réveille. — Le sceptre de Juda. — En 1921 ! 72

Sens. — Imp. MIRIAM, 1, rue de la Bertauche

Librairie VIC et AMAT, 11, rue Cassette, PARIS (6e)
Charles AMAT, Éditeur

OUVRAGE EN SOUSCRIPTION

La Fleur qui parle
et
la Plante qui guérit

Principes élémentaires de Botanique. — Figures. — Étymologie. — Description. — Habitat. — Culture. — Langage. — Emploi en médecine. — Application à la partie vétérinaire et aux arts des plantes. — Tables.

Et ostendit mihi folia ligni ad sanitatem gentium.

Et il me montra des arbres dont le feuillage guérit les nations.
Apoc.

Par Irénée ALBRAND

Un fort et beau volume orné de gravures, reliure souple

Prix net et franco : **10** francs

Malgré les imprécations lancées par la plupart des médecins contre ces médicaments dits de *bonne femme*, composés avec certaines herbes communes, il restera toujours vrai que les meilleurs remèdes nous viennent des plantes.

Convaincu de cette vérité, l'auteur a consacré plus de 15 ans à l'étude des célèbres praticiens païens, tels que Dioscoride et Galien ; il a également consulté le savant naturaliste allemand Fuschs, qui vivait au XVIe siècle et qui a résumé l'emploi des plantes en médecine pendant tout le moyen-âge. Il y a là de véritables secrets de guérison tombés dans l'oubli depuis la création de nos fatales pharmacies et tous tirés des plantes que tout le monde connaît.

L'ouvrage se termine par plusieurs tables. La plus ingénieuse est celle des maladies et de leurs remèdes. Par elle, on trouve immédiatement les remèdes à employer dans telle ou telle circonstance.